제우스
신들의 세계를
정복하다

# 제우스, 신들의 세계를 정복하다

윤동곤 지음

이담
Books

# 책머리에

　서구문화를 접할 때마다 동양인으로서 늘 만나게 되는 것이 헤브라이즘과 헬레니즘의 유구한 전통과 맥락이다. 그것은 이 두 사조가 서구 문화의 양대 원천이기 때문이다. 특히 합리적이며 자유로운 인간정신에 기초를 둔 헬레니즘이야말로 수천 년을 내려온 서구 정신의 근원인 만큼 그것을 모르고 인류의 문화를 이해한다는 것은 실로 불가능한 일이다. 서양의 학문, 역사, 문학, 미술, 음악, 연극을 보라. 그 어느 분야에서건 그리스 신화에서 그 원형과 소재를 따오지 않은 곳이 있는가.

　이 책에서는 그동안의 그리스 신화를 될 수 있는 한 하나의 일관된 줄거리를 갖도록 꾸몄다. 워낙 다양하고 방대한 신화 내용이어서 처음부터 끝까지 관통하는 줄거리를 만든다는 것은 불가능한 일이다.

　하지만 신화를 꼼꼼히 읽어보는 동안 어느 정도 일관성 있는 줄거리를 갖고 있다는 사실을 발견했고, 약간의 소설적 재미를 붙여 현대적 시각으로 새롭게 재구성해 보았다.

신들이 본격적으로 등장한다는 것은 인간사회가 하나의 집단을 형성하고 이를 전승해 가는 구조가 존재한다는 것을 전제로 한다. 그리고 문명이 발전하면 신화는 인간의 역사 속에 편입되어 그 기능이 줄어들기 마련이다. 이 과정을 신의 탄생과 인간의 등장, 구 지배 세력(신들의 세계)과 새로운 신흥세력(인간의 세계)의 조화와 대결이라고 이해해도 크게 틀리지 않을 것이다.

그리스의 역사적 상황과 관련지어 본다면 청동기를 기반으로 한 신들의 세계와 철기를 토대로 한 인간 문명의 발전이라고 할 수 있다. 이 과정에서 인간이 어떻게 탄생했고 어떠한 고난을 거쳐 스스로 자아인식과 문명을 건설해 나갔는지를 인간과 신과의 관계에 초점을 맞추어 이야기를 풀어나간 것이 바로 이 책이다. 기존의 신화를 소개하는 책들이 많은 양의 신화를 소개하는 데 초점이 맞춰져 있기 때문에 책을 읽고 나서도 도대체 무엇을 읽었는지 알 수 없게 만들어진 것이 대부분이었다. 이런 혼란은 이 책의 줄거리의 흐름을 따라가다 보면 해소되리라 본다.

사실 문학을 공부하던 대학 시절부터 신화에 지대한 관심을 갖고 있었던 나는 세계 여러 나라의 신화들을 접했고, 그리스 신화는 나의 문학 공부에 풍부한 토양이 되었다고 해도 과언이 아니다. 그만큼 다양한 이야깃거리로 그리스 신화는 가득 채워져 있다. 누구나 한 번쯤 그리스 신화를 접해 보았을 것이다. 신화를 재미있게 읽고 일상생활을 보다 풍부하게 가꾸기를 바라는 사람들이 읽어야 할 책이라고 생각한다.

끝으로 이 책의 출판을 승인해주신 한국학술정보(주)의 채종준 사장님과 편집부원 여러분의 노고에 감사드리며, 원고 정리와 교정을 도와준 아내 정현주와 딸 정선, 아들 인환에게도 특별한 애정을 표한다.

2010년 9월
무등골 서재에서
윤동곤

# 차례

# 제1장
## 신화는 어떻게 생겼나

# 태초에 혼돈만이 있었다

　그리스 신화란 호메로스가 활동하던 기원전 9세기부터 서양 고대 세계가 끝나는 기원후 4세기까지 1300년에 가까운 세월 동안 그리스어를 사용하는 지역에 퍼져 있던 설화와 전설을 총칭하는 말이다.

　호메로스가 트로이 전쟁을 노래하던 시절, 소아시아 키메 출신의 한 뱃사람이 바다에 싫증을 내고 그리스 본토 보이오티아 지방의 도시국가 아스크라로 이주했다. 목축과 농사로 삶을 꾸려 갔지만 이곳에서의 삶도 가난하기는 마찬가지였다. 그의 아들 헤시오도스는 어느 날 헬리콘 산에서 양들을 돌보다 음악과 시의 여신 무사이들에게서 노래하는 재주를 전수받았다. 그리고 영감에 싸여 우주 창조부터 신들의 탄생과 권력 투쟁, 인간의 탄생에 대해 노래했다.

그의 노래는 이렇게 시작된다. "태초에 혼돈(Chaos)만이 있었다. 이어서 대지 어머니 가이아(Gaia)와 영원한 지하 감옥 타르타로스(Tartaros)와 만물을 서로 결합하게 하는 에로스(Eros)가 생겨났다. 혼돈에서부터 어둠과 밤이 태어났고 밤과 어둠이 서로 어울려 대기와 낮·파멸·운명·죽음·잠·꿈 등이 태어났다. 밤은 또 책망과 운명·복수·허위·우정·노화·불화를 낳았다. 그리고 불화로부터 고통·살인·고민·불행이 태어났다.

한편 가이아는 스스로 우라노스(Ouranos·하늘)와 바다·산·시간을 만든 뒤 우라노스와 어울려 티탄족을 낳았다. 티탄족의 막내 크로노스는 어머니 가이아의 사주를 받아 아버지 우라노스를 제거하고 왕위에 올랐다. 그러나 그 역시 아들 제우스와의 전쟁에서 패해 타르타로스에 갇히는 신세가 됐다. 제우스는 가이아가 보낸 티탄족 및 타이폰과의 대결에서 모두 이겨 우주의 권좌를 확고히 했다……."

이렇게 천지창조에서부터 올림프스의 신들이 패권을 잡기까지 이야기를 적은 헤시오도스의 서사시 '신통기(神統記Theogonia)'는 지루하기까지 하다. 그러나 그의 시에는 삼라만상이 어떻게 생겨났는지, 인간의 본성과 복잡한 사회의 특성은 무엇인지에 대한 대답을 찾는 진지함이 배어 있다. 그는 농부의 눈으로 우주의 생성과 생명의 기원, 특히 인간이 어디에서 왔는지에 대해 노래했다.

우주와 생명의 기원에 대해 안다는 것은 태초에 어떤 신들이 어떻게 태어나서 어떤 일들을 했는지를 아는 일이다. 이런 작업은 신들의 계보(系譜)를 통해서 이루어질 수 있다.

헤시오도스의 '신통기'는 신들뿐 아니라 대기·광명·밤·낮 등과 같은 천체 현상과 바다·산·강과 같은 자연물은 물론 파멸·죽음·운명·잠·질투·불운·사랑·증오·허영과 같은 추상 개념까지도 모두 하나의 계보로 묶었다. 게다가 그는 인간이 어떻게 생겨났으며 왜 지금과 같은 특성을 갖게 되었는지를 이런 신들과의 관계 아래서 설명했다. 이로써 인류에게 주변의 모든 것들이 낯선 것이 아니라 이해할 수 있는 체계로 변했다.

그리스 신화에 나오는 인물의 수는 자그마치 6,000명. 이들은 정교한 족보에 의해 여러 친족 집단으로 나뉘어 있고 또 이 친족 집단들은 서로 유기적인 관계를 맺으며 하나의 거대한 사회를 형성한다. 신들과 영웅들로 이루어진 이러한 사회조직은 다른 민족 신화에서는 찾아볼 수 없는 독특한 것이다.

그리스 신화는 우주 생성을 설명하는 '천지창조설화'와 신들의 탄생과 투쟁을 그리는 '신들의 탄생설화', 영웅들의 모험과 전생을 노래한 '영웅설화', 하늘의 별자리나 기괴한 모습의 바위, 나무, 지형의 기원을 설명하는 '변신설화'로 나뉜다.

그리스 신화의 가장 큰 특성은 신들에서부터 영웅들로 이어지는 정밀하고도 방대한 족보에 있다. 신화의 인물들은 이런 통일된 족보 안에서 마치 현실의 인물들처럼 고유한 이름과 그들이 구체적으로 활동하던 시대와 장소를 갖게 되었다. 그 결과 그리스인들은 신화를 자신들의 역사로 생각하게 되었다. 일단 신화가 역사로 인식되자 신화에서 허황되고 괴기스러운 요소들이 제거되고 신들도 인간적 모습을 띠게 되었다. 그리스 문명의 인간 중심사상은 이미 신화에서 시작된 것이다.

단순한 민담이나 설화 형태였던 이야기들이 거대한 강물처럼 도도하게 흐르는 서사 체계를 갖는 그리스 신화로 발전하게 된 밑바탕에는 이처럼 헤시오도스가 만든 신들의 계보가 있다. 얼핏 아무것도 아닌 것처럼 보이는 신들의 족보가 이처럼 결정적인 역할을 한 것이다.

헤시오도스의 영향은 이에 그치지 않는다. 신화의 인물들이 각기 고유한 이름과 족보를 가지고 등장함에 따라 그전까지는 독립적이고 일회적이었던 개개의 설화들이 하나의 유기적인 관계를 맺는 통일체로 발전했다.

호메로스의 『일리아스』와 『오디세이아』도 이런 체계를 바탕으로 쓰인 것이다. 이아손을 중심으로 한 50명의 영웅이 벌이는 황금의 양털을 찾아 떠나는 모험을 그린 '아르고스 원정대' 이야기나 멜레아그로스와 아틀란테를 비롯한 또 다른 50명의 영웅이 벌이는 '칼뤼돈의 멧돼지 사냥' 이야기도 마찬가지다. 그리스 신화 가운데 오이디푸스

왕과 그의 딸 안티고네로 대표되는 테베의 라브다코스 가계(家系)의 비극과, 아가멤논과 그의 처 클뤼다임네스트라, 아들 오레스테스로 이어지는 미케네의 아트레우스의 가계의 비극은 후대의 3대 비극 작가인 아이스킬로스, 소포클레스, 에우리피데스의 손에 의해 널리 알려진다. 호메로스가 인간 영웅을 그리면서 인간이 마땅히 추구해야 할 가치와 인생관을 보여 주었다면 헤시오도스는 인간이 신이나 기타 정령을 가졌다고 믿어지는 미지의 것들과 어떻게 관계를 맺어 나가야 하는지를 가르쳐 주었다. 그런 점에서 호메로스가 예술가였다면 헤시오도스는 영감에 가득 찬 샤먼(shaman)이었다. 지성적이고 합리적인 정신을 가진 귀족 취향의 헤시오도스, 이 두 사람의 작품 세계는 서로를 보완하며 이미 서양 문학 요람기에 서양 문학이 가야 할 길을 굵은 선으로 그어 놓았다.

# 제2장
## 제우스, 신들의 세계를 정복하다

티탄족은 그 수가 수십에 이르며, 그리스인들에 따르면 '거대한 크기와 놀라운 힘을 가진 존재들'이라고 한다. 기간테스족 역시 수십 명이고 '거대한 크기와 놀라운 힘을 가진 존재'였던 것 같다.

외형적인 차이가 무엇이든 간에, 티탄족과 기간테스족은 정신적인 면에서 큰 차이가 난다. 즉 티탄족은 지능적이지만 기간테스족은 야만적이라는 점이다. 그래서 티탄족은 아주 빠른 시간 내에 기간테스족을 제압할 수 있었고 기간테스족은 노예와 흡사한 예속 상태로 떨어졌던 것이다.

티탄족의 우두머리는 크로노스였고 그의 아내는 레아였다. 기간테스족에 대한 승리로 세계 제국을 손아귀에 넣은 크로노스는 염세적인 데다 의심이 많고 잔인한 성격의 소유자였다. 그래서 자신의 아들 중 하나가 언젠가 자기를 제거하지 않을까 전전긍긍했다. 이러한 위험을 피하기 위해 그는 아내가 아이를 낳으면 그 즉시 모두 먹어 버리기로 했다. 이렇게 해서 그는 다섯 아이를 계속해서 삼켜 버렸고 가엾은 레아는 모성의 당연한 기쁨을 빼앗겨 버렸다. 욕구 불만이 점차 쌓여 가던 레아는 무슨 대가를 치르더라도 여섯 번째 아이만은 살려 내기로 결심했다. 그래서 아기가 태어나자마자 크레타 섬의 이데 산으로 피신시켜 보냈다. 남편에게는 갓난아이 대신 돌덩이를 배내옷에 둘둘 말아 주었다. 탐욕스런 크로노스는 아무것도 눈치 채지 못한 채 그것조차 삼켜 버렸다.

어머니에 의해 살아난 여섯 번째 아이가 제우스이다. 그는 염소 아말테이아의 젖을 풍족하게 먹으며, 즐겁고 소란스러운 한 무리의 요정과 목신에 의해 키워졌다. 요정들의 외침과 웃음소리가 아이의 울음소리를 덮어 주어 크로노스는 아이가 살아 있는 걸 전혀 눈치 채지 못했다. 어른이 된 제우스는 고마움의 표시로 염소 아말테이아를 하늘의 별자리로 만들어 주었으며, 염소의 뿔 하나를 떼 내어 이데 산의 요정들에게 선물하는 일도 잊지 않았다. '풍요의 뿔'이라 불리는 이 뿔은 요정들이 몹시 좋아했던 꽃이며 과일, 장신구와 보석을 한없이 만들어 내는 기적과도 같은 요령을 부렸다. 이렇게 자기를 돌봐 주었던 보호자들에게 은혜를 갚고 나자 제우스는 자기 아버지와의 일을 청산할 역량이 생겼다. 후에 다른 여러 증거를 통해 밝혀지겠지만, 제우스는 뛰어난 정치 감각을 타고났다. 크로노스를 이겨 권력을 잡으려면 연합군에 의존해야 한다는 걸 알았고, 연합군이 너무 많은 걸 요구할 경우 그들을 없애 버릴 수단도 마련할 줄 알았다. 제우스는 기간테스족이 크로노스에게 반항하도록 유인했고, 티탄족의 중요한 인물 중의 하나인 프로메테우스의 협력도 얻어 냈다. 프로메테우스는 뛰어난 지력과 발달된 도덕의식으로 동족들 사이에서 단연 두드러진 인물이었다. 인권 수호를 위해서라면 서명을 마다하지 않는 우리 시대의 몇몇 지식인들처럼, 프로메테우스는 크로노스의 권력 남용과 잔혹함에 대해 종종 두려움 없이 항의하곤 했다. 그가 제우스를 돕기로 약속했던 것은 개인적인 야망 때문이 아니라 자신의 이상주의 때문이었다. 이 동맹을 필두로 제우스는 크로노스와 티탄족을 기습 공격하여 무너뜨렸다. 그리고 아버지가 삼켜 버렸던 다섯 아이를 토해 내게 했는데, 이상하게도 아이들은 아직 소화도 되지 않은 상태였다. 먼 곳으로 추방당한 크로노스는 불가사의하고 결정적인 최후를 맞이했다. 그리고 남아 있는 티탄족은 땅속 깊은 곳에 매장시켜 없애 버렸다. 때문에 그리스 사람들은 뒤이은 몇 세기 동안의 화산 폭발을 땅에 묻힌 티탄족의 분노의 발작이며 원한의 분출이라고 생각했다. 티탄족의 하나인 아틀라스는 힘이 너무 세서 매장이 어려웠기 때문에 두 어깨로 하늘을 영원히 짊어지고 있어야 하는 특별한 형벌을 받았다. 기간테스족은 제우스를 도와준 대가로 자유를 되찾았다. 프로메테우스는 모든 개인적인 보상을 정중히 거절했다. 단지 편을 잘못 선택했던 자기 동생 에피메테우스를 사면해 줄 것을 요구했을 뿐이었다. 티탄은 '거대한 신들'이라는 뜻이다. 제우스는 이 티탄들을 무찌르고 올림프스 신들의 시대를 열었다. 티탄 신들과 올림프스 신들 사이에 일어났던 전쟁을 티타노마키아(Titanomachia)라고 한다. 이는 티탄들과의 싸움이라는 뜻이다. 이 티탄의 영어식 발음은 타이탄(Titan)인데, 침몰한 호화여객선 '타이타닉호'의 이름은 여기에서 나온 말이다.

제우스는 이런 과정을 거쳐서 그리스에서 제일 높은 산 올림프스에 자리를 잡았고, 크로노스가 토해 낸 두 형과 세 누이와 함께 올림프스 신전의 첫 세대를 이루었다. 형들의 이름은 포세이돈과 하데스였고 누이들은 헤라, 데메테르, 헤스티아였다. 처음에는 온갖 일을 제우스 혼자 돌보고 형제들은 하는 일 없이 한가롭게 지냈다. 당시만 해도 신들의 고민과 근심의 주된 원인인 인류가 아직 존재하지 않았기 때문에 일은 그다지 고되지 않았다. 그렇다고 하더라고 단 한 명의 신이 모든 일을 감당하기에는 벅찬 일이었다. 혼자 모든 걸 감시할 수 없었던 제우스는 이전의 동맹이었던 기간테스족이 권력의 핵심 부분을 차지하지 못한 데 불만을 품고 자신에 대항하는 공모를 통해 왕위를 뺏으려는 사실을 눈치 채지 못했다. 어느 날 밤 기간테스족은 행동을 개시하기로 결정했다. 제우스를 포위하기 위해서는 우선 매우 가파른 절벽으로 된 올림프스 산을 기어 올라가야만 했다. 그들

은 이웃해 있는 펠리온 산과 오사 산의 거대한 돌무더기들을 끌어내
어 펠리온 산을 오사 산 위에 쌓아 올려 올림프스 산에 오르기 시작
했다. 전날 밤에 넥타르주를 과하게 마신 제우스와 형제들은 깊은 잠
에 빠져 아무 소리도 듣지 못했다. 그러나 다행히도 제우스가 길들여
늘 가까이 두고 지내던 독수리만은 한쪽 눈을 뜬 채 자고 있었다. 선
두 공격대가 산의 정상에 올랐을 때 독수리는 맹렬하게 날개를 파닥
거려 제우스와 포세이돈과 하데스를 깨웠고 그들은 즉시 전투에 임
했다. 하지만 수적인 열세가 너무도 명백했고 이대로는 기간테스족에
의해 곧 전멸되리라는 걸 깨달았다. 바로 그때 제우스는 자신의 수중
에 있던 위력의 비밀 무기를 처음 사용해 보기로 결심했다. 이 고도
의 무기는 벼락이었다. 제우스가 어떻게 그것을 얻어 냈는지는 알려
지지 않고 있다. 추측해 볼 때, 박식한 프로메테우스가 고안해 낸 것
으로, 도덕적인 조심성이 몸에 밴 프로메테우스는 절대로 사용하지
않겠다는 약속을 받아 낸 후 제우스에게 준 것 같다. 그러나 극한의
위기 상황에 처한 제우스로서는 그러한 조심성이나 약속을 생각할
겨를이 없었다. 포세이돈과 하데스가 후퇴하고 기간테스족이 올림프
스 산에 발을 내디디려 하던 바로 그 순간, 앞을 캄캄하게 하는 한 줄
기 섬광이 제우스의 손에서 솟아 나와 대기를 가르더니 기간테스족
이 발판으로 삼아 기어오르던 바위들을 일순간에 가루로 박살 내 버
렸다. 곧이어 바위 덩어리들이 거대한 소리를 내며 무너져 내렸고 기

간테스족은 추락하고 말았다. 그날 이래로 폭우가 쏟아질 때 벼락이 치면 산이 무너져 내리는 소리와 비슷한 천둥소리가 늘 함께 들리게 된 것이다.


## 제우스와 그의 형제들

이러한 호된 위기를 겪고 난 제우스는 권력분리의 원칙을 고안해 내어 실행에 옮기게 된다. 모든 일을 혼자 도맡을 수 없다는 것을 깨닫기도 했고, 기간테스족과의 전쟁을 함께 치른 형제들에게 고마움을 표시하고 싶은 마음도 있고 해서 제우스는 세계를 그들과 나눠 갖기로 결정했다. 그는 우주를 공평하지 않은 세 부분으로 나누었다. 가장 중요한 첫째 부분은 하늘과 땅이며, 둘째 부분은 바다, 셋째 부분은 황천이었다. 그런데 아직 인간이 창조되지 않았기에 당시의 황천은 비어 있었다. 세 지역의 할당은 추첨을 통해 이루어졌지만 제우스가 조작했을 가능성이 크다. 하늘과 땅은 제우스가 차지한 반면에 포세이돈에게는 바다, 하데스에게는 황천이 돌아갔기 때문이다. 이처럼 권력의 공평함을 선포한 원칙에도 불구하고 제우스는 사실상 이론의 여지없는 우월권을 유지하였다. 그러한 우위를 좀 더 잘 나타내기 위해 제우스는 자신의 거처와 왕권을 올림프스에 정하였고 포세이돈과 하데스는 각기 바다 밑과 지하에 궁전을 지었다. 세 형제는 성격과 취미가 사뭇 달랐으며, 이는 그들 각자가 실제의 삶을 영위하는 방식에서 분명히 드러났다.

제우스의 성격은 여러 가지 면에서 우리 시대의 위대한 정치가들과 비슷하다. 그는 무엇보다도 인간이나 신들과의 접촉을 좋아했다. 후손을 만들어 낼 수만 있다면 온갖 관계와 결합해 즐거이 탐닉했다. 그래서 당당한 체구와 가끔 위협적으로 치켜 올라가는 두툼한 눈썹, 화를 낼 때면 주위 사람들을 떨게 만드는 우레와 같은 목소리에도 불구하고, 여신들이나 인간 여자들에게 좌지우지되곤 했다. 요샛말로 그는 '플레이보이'였기 때문이다. 그의 여성 편력에 대해서는 나중에 한 부분을 할애하여 집중적으로 다루게 될 것이다. 요즘의 정치인들과 구별되는 그의 유일한 모습은 거짓말을 몹시 혐오했다는 점이다. 외도한 사실을 아내에게 숨기려 했던 경우를 제외하면, 무슨 일이 있어도 스스로를 속이지 않겠다는 원칙을 가지고 있었을 뿐만 아니라, 호메로스가 말했듯이 '거짓말하거나 맹세를 어긴 사람은 결코 도와주려 하지도 않았다.' 올림프스의 지배자가 된 제우스의 제일 큰 고민은 신부를 구하는 일이었다. 자신의 위치를 고려해 볼 때 두 번째 서열의 여신과 결혼할 수는 없었기에 선택의 폭은 당시에 완전한 권리를 가지고 있던 세 명의 여신, 즉 세 누이들로 한정되었다. 그는 셋

중에서 가장 아름다운 헤라를 선택하는데 이로 인해 나중에 몹시 후회하게 된다. 하지만 그 당시로서는 승리와 영광의 첫 순간을 맘껏 음미할 수 있었다. 황금 권좌에 앉아 있는 그의 한 손에는 권위의 표징인 왕 홀이, 다른 손에는 힘의 도구인 벼락이 들려 있고, 발치에는 목숨을 구해 줬던 애완 독수리가 눈을 반쯤 감은 채 쉬고 있었다. 빛나고 향기롭고 평화로운 올림프스의 대기를 아직은 그 무엇도 흐트러뜨리지 않았다.

포세이돈은 제우스보다 덜 사교적이었고 신들과 어울리기보다는 자연과 접촉하는 것을 더 좋아했다. 그는 영국이나 스페인 남부 안달루시아의 몇몇 지주들처럼 몇 가지에 강한 애착을 보였는데, 그중 하나가 바다였다. 그래서 자신의 삼지창으로 기분 내키는 대로 바다에 폭풍을 일으키거나 가라앉히곤 했다. 포세이돈의 삼치창은 '트리아이나(Triaina)' 또는 '트리덴트(Trident)'라는 무기이다. 트리(tri)는 '셋'이라는 뜻이며, 덴트(dent)는 이빨이라는 뜻이다. 트리덴트는 이빨이 세 개 달린 창, 음식을 먹을 때 쓰는 포크와 비슷한 삼지창이다. 그러나 여느 삼지창과는 다르다. 이 삼지창만 있으면 구름과 비와 바람을 마음대로 부를 수 있다. 파도를 일으키는 것도 바로 이 포세이돈의 삼지창이다. 포세이돈은 어디를 가든 늘 이 삼지창을 가지고 다닌다. 또한 빨리 달리는 말과 힘센 황소를 좋아했다. 가끔 올림프스에서의 회합이나 향연에 가려면 마지못해 바다 밑 거처를 떠나곤 할 정도였다.

아내로 맞아들인 바다의 여신 암피트리테 역시 야외 생활을 좋아했다. 포세이돈은 행복해질 수 있는 모든 조건을 다 갖춘 듯이 보이지만, 신들보다 더 강력한 운명이란 것이 자식들을 중개로 수많은 근심과 잔인한 슬픔을 가져다주게 된다.

하데스는 의기소침하고 과묵하고 염세적이었다. 천성적으로 우울한 성격인 데다 황천의 지배자가 된 이래 그 정도가 심해져서, 음침한 거처에 자리를 잡고 들어앉아 아예 나다닐 생각을 하지 않았다. 그래서 오랫동안 아무도 그의 얼굴조차 볼 수 없었는데, 지하 거처를 좀처럼 떠나지 않았던 탓도 있었지만, 어쩌다 외출할 때면 자신의 모습을 가리는 투구모를 쓰고 다녔기 때문에 더욱 그랬다. 그리하여 올림프스의 거주자들은 그의 존재를 까맣게 잊어버리게 될 지경이었다. 그러던 어느 날, 하데스가 투구모도 쓰지 않은 채 제우스 앞에 나타났다. 그리고는 아주 급작스럽게, 고독을 좋아하긴 하지만 황천에서 너무 권태로워 결혼을 하기로 했다고 공표했다. "누구와?"라는 제우스의 질문에 그는 "페르세포네"라고 대답했다. 페르세포네는 제우스의 세 누이 중 하나인 데메테르의 딸이었다. 그렇다면 그녀의 아버지가 누군지 궁금할 것이다. 그것은 자기 누이이자 처제와 최초의 외도를 저지르는 일조차 두려워하지 않았던 제우스였다. 페르세포네는 바로 이러한 이중의 불륜관계에서 태어난 딸이다. 자신의 애인들에게 항상 관대했던 제우스는 데메테르에게 초원과 밭의 왕국을 선물했고,

풀과 꽃과 나무를 자라게 하는 임무를 내렸다. 페르세포네는 아름다운 여신으로 성장했고 서로를 극진히 사랑했던 두 모녀는 한순간도 떨어지지 않았다. 그런데 바로 그 페르세포네에게 하데스가 눈독을 들인 것이다. 페르세포네가 자기 엄마와 헤어지려고 하지 않을 것이며, 올림프스를 떠나 음침한 성격의 남편을 따라 죽은 자들의 왕국에 묻혀 살려고 하지도 않을 것임을 예상한 하데스는 젊은 여신을 강제로 납치하는 일을 도와달라고 제우스를 찾아온 것이다. 올림프스의 지배자는 거절할 수 없었고 협조를 약속했다. 음모는 며칠 뒤에 실행되었다. 엄마와 함께 꽃이 핀 들판을 산책하고 있던 페르세포네는 근처에 피어 있는 이름 모를 꽃 하나를 발견했다. 그 꽃은 제우스가 그 기회를 위해 창조해 낸 수선화였다. 페르세포네는 엄마 곁을 떠나 꽃을 따러 다가섰다. 그때, 투구모를 써서 보이지 않게 된 하데스가 그녀를 잡아채어, 돌연 땅속으로 벌어진 틈을 통해 황천 바닥으로 끌어내렸다. 데메테르는 아무것도 보지 못했으며, 단지 딸의 비명소리만 들었다. 절망한 데메테르는 여기저기 딸을 찾아 나섰지만 소용없는 일이었다. 아무 얘기도 하려 들지 않았지만 분명 딸의 실종에 대해 뭔가 더 알고 있을 거라고 제우스를 의심한 데메테르는 협박을 이용했다. "딸을 되찾지 못하면 더 이상 식물이 자라지 않게 하겠어요." 꽃이 시들고 풀이 말라 가자 동물들이 기운을 잃었다. 결국 제우스는 굴복할 수밖에 없었다. 그는 페르세포네를 그녀의 엄마에게 되돌려 줄 것을 하데스에게 부탁했다. "그럴 수 없소. 아무리 짧은 기간이라도 황천에 머무는 동안 음식을 먹으면 반드시 그곳에 머물러야 한다는 규칙이 있소. 그런데 페르세포네는 내 집에 도착하자마자 석류 알갱이를 깨물었소." 제우스는 데메테르와 하데스를 불러 화해 조약을 제안했고 다소 어려운 절충 뒤에 합의에 이르렀다. 페르세포네는 1년 중 4개월을 하데스와 함께 황천에서 보내고 나머지 기간은 올림프스에서 엄마와 머문다는 조약이었다. 하지만 데메테르는 한 가지 점에서만은 굽히지 않았다. 즉 매년 딸이 없는 4개월 동안은 어떤 식물도 땅 위에 자라지 않게 했던 것이다. 이로써 겨울이라는 황폐한 계절이 자리 잡게 되었다.


## 제우스와 올림프스


올림프스 산은 그리스 반도의 북부에 있다. 그러나 신들이 사는 집을 말할 때의 올림프스는 물리적인 산이라기보다는 상징적인 산을 말한다. 올림프스 산에는 신들의 궁전이 무수히 있다. 무수한 궁전 한 가운데엔 큰길이 하나 툭 터져 있는데, 이 길은 밤중이면 땅에 사는 인간의 눈에도 보인다. 이 길의 이름이 바로 '비아 락테아(Via Lactea)',

즉 '젖의 길'이라는 뜻이다. 비아 락테아는 영어로 '밀키웨이(Milky Way)'이며, 우리말로는 '은하수'가 된다. 신들의 궁전은 바로 이 비아 락테아 좌우로 펼쳐져 있었다. 이 '젖의 길'이 생기게 된 내력이 재미있다.

헤라클레스는 제우스의 아들이지만 제우스의 본처 헤라의 몸에서 태어난 것은 아니다. 인간인 여성의 몸에서 태어난 것이다. 헤라클레스는 인간의 몸에서 태어난 남성 가운데 가장 힘이 세었다. 헤라는 인간에게서 태어난 아기 헤라클레스에게 젖을 물린 적이 있다. 그런데 헤라클레스가 어찌나 세게 빨았던지 헤라클레스가 입을 뗀 뒤에도 계속해서 젖이 흘러나와 젖의 길이 되었다는 것이다.

어쨌든 이 올림프스의 가장 큰 신은 제우스이다. 그래서 제우스는 대신(大神)이라고 불린다. 이 대신 제우스의 밑에는 세 종류의 신들이 있다. 주신(主神)과 아신(亞神)과 종신(從神)이 그것이다. 주신은 으뜸 신이라는 뜻이다. 제우스는 대신인 동시에 으뜸 신이기도 하다. 으뜸 신은 모두 12명이다. 대신인 제우스, 제우스의 아내이자 신성한 결혼의 수호여신인 헤라, 바다의 신이자 곧 바다인 포세이돈, 저승을 다스리는 저승의 신 하데스, 곡식을 다스리는 여신인 데메테르, 헤라 여신을 도와 인간의 가정과 부엌을 돕는 헤스티아도 여기에 속한다. 지금까지 말한 여섯 신은 모두 제우스와는 형제간 아니면 남매간이다. 그리고 으뜸 신 중 나머지 여섯은 제우스의 아들딸이다. 태양과 음악과

의술을 관장하는 아폴론, 달과 사냥의 여신인 아르테미스, 제우스의
심부름을 도맡아 하는 천상의 심부름꾼이자 상업의 신인 헤르메스,
만들지 못할 것이 없는 대장장이 신 헤파이스토스, 지혜와 정의로운
전쟁의 여신 아테나, 무지막지한 전쟁의 신 아레스는 모두 제우스의
아들딸이다. 그러나 사랑과 애욕과 아름다움의 여신 아프로디테만은
제우스의 자식이 아니다. 그래서 아프로디테는 열두 으뜸 신에 꼽힐
때도 있고 그렇지 못할 때도 있다. 아프로디테가 열두 으뜸 신에 꼽
힐 때는 가정과 부엌의 여신 헤스티아가 빠진다.

# 제3장
## 프로메테우스와 인간의 탄생

　프로메테우스는 티탄 신족이었다. 티탄 신족은 제우스가 올림프스의 권좌를 차지하기 전에 세상을 다스리던 신들이었다. 제우스의 아버지인 크로노스, 어머니인 레아를 포함해 티탄 신족은 모두 열두 명이었다. 남신이 여섯, 여신이 여섯이었는데 프로메테우스는 남신 가운데 하나인 이아페토스의 아들이었다. 이아페토스에게는 아들이 셋 있었다. 맏이는 아틀라스였고, 그 밑으로 프로메테우스(미리 내다보는 자)와 에피메테우스(나중에 깨닫는 자)가 있었다. 아틀라스는 감히 대적할 신이 없을 만큼 힘이 장사였고, 프로메테우스는 지혜롭고 신중했다. 막내인 에피메테우스는 이름 그대로 일을 저질러 놓고서야 허겁지겁 뒷수습을 하는, 좀 철딱서니가 없는 신이었다. 티탄 신족과 일전을 치르고 최고 지배자의 자리에 오른 제우스는 어느 날, 지상에 살고 있던 프로메테우스를 불러 이렇게 명했다. “아래로는 뭇 짐승들

을 다스리고 위로는 우리 신들을 섬길 인간을 만들도록 하여라." 제
우스가 하필 프로메테우스에게 그중 차대한 일을 맡긴 데는 까닭이
없지 않았다. 티탄과 올림프스 신족 사이에 전쟁이 벌어졌을 때 프로
메테우스는 동생과 더불어 티탄족으로서는 유일하게 제우스 편을 들
었다. 이름 그대로 앞날을 훤히 내다볼 수 있었던지라 대세를 따른
것이었다. 비록 자신의 안위를 도모하기 위해 그런 것은 아니었다 할
지라도 그 덕분에, 다른 티탄과 함께 무한 지옥 타르타로스에 유폐된
이아페토스, 어깨로 하늘을 떠받치고 있어야 되는 형벌을 받은 형 아
틀라스와 달리 프로메테우스와 에피메테우스는 올림프스 신족들과
함께 지낼 수 있었다. 그런 공로도 있었으려니와 프로메테우스는 뛰
어난 예지력과 지혜, 신중한 처신으로 제우스라도 쉽사리 대할 수 없
는 그만의 위엄을 갖춘 신이었다. 제우스의 명을 받고 다시 지상으로
내려온 프로메테우스는 우선 질 좋은 진흙을 구했다. 그리고 거기다
물을 붓고 이겨서 신들의 형상과 비슷하게 인간을 빚었다. 그것을 이
레 동안 볕에 말린 뒤 생명을 불어넣으려는 찰나, 지나가던 지혜의 여
신 아테나가 나비 한 마리를 날려 보냈다. 나비가 인간의 콧구멍으로
들어가니 비로소 인간에게 마음이 깃들게 되었다. 그리스어 프시케
(Psyche)는 나비라는 뜻과 마음, 영혼이라는 뜻을 동시에 가지고 있다.
　이렇게 해서 인간이 태어나게 되었는데 이윽고 그들은 몇 배로 불
어나 땅을 가득 채웠다. 프로메테우스는 인간에게 우선 직립할 능력

을 주었다. 덕택에, 다른 동물들은 모두 고개를 숙여 땅을 내려다보는
데 인간만은 고개를 들고 하늘을 바라볼 수 있었다. 그러나 똑바로
서서 걸을 수 있을 뿐, 그들은 처음에는 다른 동물과 다를 바 없는 가
엾은 짐승에 지나지 않았다. 몸을 가리는 따뜻한 털가죽도 없었고, 사
자처럼 빨리 달릴 수도 없었으며, 거북이처럼 단단한 등껍질도, 독수
리처럼 날카로운 발톱도 없었다. 일이 그렇게 된 데에는 에피메테우
스의 책임이 컸다. 그는 인간을 비롯한 다른 동물들에게 살아가는 데
필요한 여러 가지 능력, 이를테면 용기, 힘, 속도 같은 것을 부여하는
임무를 맡고 있었다. 동생이 그 일을 해내면 프로메테우스는 그 결과
를 점검, 감독하게 되어 있었던 것이다. 그런데 요량 없는 에피메테우
스가 신바람이 나서 닥치는 대로 선물을 나누어 주는 바람에 막상 인
간의 차례가 되자 아무것도 남아 있는 게 없었다. 당황한 에피메테우
스는 헐레벌떡 형을 찾아와 하소연을 했다. 프로메테우스는 징징 짜
는 동생을 달래 놓고는 속이 빈 회향나무 막대기 하나를 품속에 숨겨
하늘로 올라갔다. 그러고는 제우스의 전용 무기인 벼락에서 불씨를
옮겨 붙여, 들고 갔던 막대기 속에 숨겨 가지고 돌아왔다. 프로메테우
스는 이튿날, 인간을 불러 모아 불씨를 건네주고, 나무와 나무를 비벼
서 불을 만드는 법도 가르쳐 주었다. 프로메테우스의 이 선물 덕분에
인간은 다른 동물들이 감히 넘보지 못하는 존재가 되었다. 음식을 익
혀 먹을 수 있었고, 사냥용 무기와 농사짓는 연모를 만들 수 있었으

며, 아무리 추워도 거처를 덥혀 따뜻하게 지낼 수 있었다. 나가서는 갖가지 기술을 개발하고 화폐까지 만들어 쓰게 되었다. 프로메테우스는 그 위에 집을 짓는 법, 날씨를 미리 아는 법, 셈하고 글 쓰는 법, 짐승들을 길들이는 법, 배를 만들어 바다를 항해하는 기술까지 가르쳐 주었다. 이 사실을 안 제우스는 노발대발했다. 프로메테우스가 불씨를 훔친 곳은 제우스의 벼락이 아니라 제우스의 조강지처 헤라의 신전 부엌이었다는 설도 있고 또 태양신 헬리오스가 모는 태양 마차였다는 설도 있으나 어디였건 간에 도둑질이기는 매한가지였다. 신들의 전유물인 불을 훔친 죄도 죄려니와, 우쭐대기 좋아해서 그러잖아도 신들에게 대들지 않을까 앞날이 걱정스러운 인간에게 그걸 주었으니 뒷감당은 누가 한단 말인가. 게다가 한 번쯤 프로메테우스를 손봐줘야겠다고 마음먹은 구원(舊怨)도 있었던 참이었다. 인간들이 소를 한 마리 잡아 제우스에게 바칠 때의 일이었다. 맛있는 고기와 기름은 죄다 제우스에게 바치고 먹을 수도 없는 뼈와 가죽만 인간의 몫으로 남기는 것을 보고 프로메테우스는 마음이 아팠다. 그래서 고기는 보잘것없는 가죽으로 싸고 뼈는 먹음직스러운 기름 덩어리로 감싼 뒤 제우스에게 하나를 선택하게 했다. 제우스는 물론 가죽보다 기름을 택했고 프로메테우스가 자신을 속여 넘긴 걸 알고는 심히 언짢았다. 인간을 만들라 명했던 뜻은 신을 공손히 받들 존재가 필요해서였건만 그 뜻을 묵살하고 오히려 사사건건 인간의 편을 드니 여간 위험스

럽지가 않았던 것이다. 그런데 이제는 감히 불까지 갖다 주다니! 제우스는 당장 자신의 아들이며 대장장이의 신인 헤파이스토스를 불러 청동 쇠사슬을 만들게 했다. 그러고는 크라토스(권력)와 비아(폭력)를 시켜 프로메테우스를 코카서스 산꼭대기에 있는 바위에다 꼼짝달싹하지 못하게 묶어 버렸다. 그것으로도 분이 안 풀린 제우스는 독수리로 하여금 프로메테우스의 간을 파먹게 했다. 독수리가 간을 다 파먹으면 그때마다 간은 새로이 돋아났다. 프로메테우스의 죄, 그것은 인간에 대한 사랑이었다. 인간을 창조하고, 신에게서 불을 훔쳐 인간을 이롭게 하였다는 것만으로도 프로메테우스는 인간의 숭앙을 받기에 충분하였다. 그러나 프로메테우스가 인간에게 가르친 진실로 위대한 교훈은 따로 있었다. 마음만 먹으면 프로메테우스는 언제라도 형벌에서 벗어날 수 있었다. 프로메테우스는 제우스의 신상에 관련된 중요한 비밀을 알고 있었다. 제우스는 아버지인 크로노스를 죽이고 올림푸스의 왕좌에 올랐는데 일찍이 대지의 여신 가이아(크로노스의 어머니이자 제우스의 할머니)로부터 "너 또한 자식에게 죽임을 당하리라"는 예언을 들었다. 제우스로선 자신에게 반기를 들 그 자식이 어떤 어미의 몸에서 태어날지 불안하기 짝이 없었다. 이름난 호색한인 제우스에게는 처첩이 수도 없이 많았던 것이다. 문제아를 낳을 어미가 누구인지만 알 수 있다면 미리 조처를 취할 수 있으련만, 그 비밀을 알고 있는 유일한 자가 바로 함부로 다루기 어려운 프로메테우스였다. 제우스는 감언이설을 잘 늘어놓기로 유명한 전령신 헤르메스를 보내 프로메테우스를 회유하였다. 그 비밀만 귀띔해 주면 당장 풀어 줄 뿐만 아니라 두둑한 상까지 얹어주겠다는 것이었다. 그러나 프로메테우스는, 일신의 안락을 위해 대의를 저버리는 그런 행위를 경멸했다. "어리석은 이여, 말 한마디면 당장 이 고통에서 벗어날 텐데 어찌 이리 고집을 피우나?" 헤르메스의 말에 프로메테우스는 이렇게 대답했다. "헤르메스여, 이 정도 고생이면 말 한마디를 아끼는데 그대는 어찌 그리도 비굴한가?" 마침내 헤라클레스가 와서 사슬을 끊어 주기까지, 무려 3천 년 동안을 프로메테우스는 코카서스 산정에 묶여 독수리에게 간을 쪼였다고 한다. 참혹한 고통 앞에서도 무릎을 꿇지 않았던 이 불굴의 정신이야말로 인간이 그에게서 받은 가장 위대한 선물이었다.


## 외교관의 신 헤르메스


그리스 신화에서 신들의 사자(使者)로 불리는 헤르메스는 자태가 화려하고 매력적이며 책략을 잘 부리고 교활한 신으로 묘사된다. 헤르메스는 태어나자마자 형 아폴론의 소 50마리를 훔쳐 동굴에 숨겨 두고 다시 잠자리로 돌아와 태연하게 잠을 잤다고 한다. 이러한 지략이 제우스의 눈에 띄어 이후 제우스의 외교 임무를 맡게 된다. 헤르메스는 첫 번째 여자인 판도라에게 아첨과 속임수의 능력을 주었고 전령(傳令)들에게는 우렁찬 목소리와 기억력을 주었다. 헤르메스를 부정적으로 보는 그리스인들도 많았지만 화려한 자태와 탁월한 외교력으로 그는 지금까지 '외교관의 신'으로 기억되고 있다.

요즘 헤르메스는 최고급 디자이너 패션 상표로도 널리 알려져 있다. 화려한 디자인과 색상으로 유명한 헤르메스(프랑스어로는 에르메스)는 세계 부유층 신사숙녀들이 즐겨 찾는 브랜드다. 세계 각국의 외교관들 역시 헤르메스 정장이나 액세서리를 애용하는 주요 고객층이다. 외교관은 자국의 국왕이나 정부 수반을 대표하기 때문에 이들의 지위와 위엄을 나타내기 위해 화려함을 대표하는 헤르메스 상표를 애용하는 것 같다. 현대 외교는 과거 어느 때보다 더 섬세하고 정교한 의전과 협상 능력을 필요로 한다. 국가 간의 경제 · 사회 · 문화적 상호의존도가 높아짐에 따라 예전보다 훨씬 다양한 영역에서 문제가 발생하게 되었고, 이를 원만하게 해결할 임무가 주로 외교관들에게 주어지기 때문이다. 그래서 외교관들에게는 헤르메스의 화려함뿐 아니라 헤르메스의 외교적 기지와 협상 능력이 더욱 절실해졌다. 그런데 화려함과 협상력과 같은 외교관의 자질은 우리나라 여성들에게서 쉽게 발견할 수 있는 특성들이다. 여러 나라를 여행해 보면 우리나라 여성의 멋이 상대적으로 출중하다는 사실을 쉽게 알 수 있다. 우리 여성들은 대체로 헤르메스 상표의 도움을 받지 않고도 자신을 아름답게 가꿀 줄 알 뿐만 아니라 사회적 경쟁력이나 사교적 수완도 뛰어나다. 최근 외교관을 뽑는 외무고시에 합격한 인재 중 거의 50%를 여성이 차지했다. 상당수 국내 대학의 정치외교학과 재학생 중 여학생의 비율 역시 50%에 육박하고 있다. 여성의 사회 진출 러시와 함께 우리 여성의 능력은 앞으로 외교 분야에서도 더욱 빛을 발하게 될 것이다.


## 판도라의 호기심이 부른 인간의 고뇌


인류의 악을 감금해 놓은 비밀스러운 장소를 알아내지 못한 제우스는 그것을 대신할 수 있는 능력을 가진 새로운 재앙을 고안해 내기로 했다. 이 천상의 복수를 위한 도구는 바로 여자였다. 인간 종족은 원래 남자들로만 이루어져 있었다. 옛날 사람들은 이 행복했던 시기를 황금기라고 불렀다. 이러한 황금기는 제우스가 자기의 형제자매와 다른 여러 신들의 도움을 받아 여자의 원형을 만들어 낸 날로써 끝나게 된다.

제우스는 대장장이 신 헤파이스토스에게 여성을 창조하게 했는데 바로 이 대목에서 그리스 남성들의 부정적인 여성관을 볼 수 있다. 그들은 여성을 모든 재앙의 근원으로 보고 있었음에 분명하다. 헤파이스토스가 여성을 만들자 사랑과 미의 여신인 아프로디테는 이 여성에게 아름다움을 선사했고 상업, 외교, 도둑질의 신인 헤르메스는 남성을 설득하는 데 필요한 기지(機智)와 꾀와 염치없는 마음씨와 간사함을 선사했다. 천상천하에 만들지 못할 것이 없는 헤파이스토스는 아름다운 장신구를 여자에게 잔뜩 만들어 선사했고, 지혜의 여신인 아테나는 허리에 금띠를, 머리에는 면사포를 선사했다. 그리고 음악의 신인 아폴론은 고운 노래로 남자의 마음을 뒤흔들 수 있는 재능을 선사했다.

제우스는 그 원형에 수많은 신체적 매력과 작은 정신적 결함 하나를 부여했다. 인류에게 엄청난 재난을 불러일으킬 기폭제로 쓰이기를 소망했던 단 하나의 결함이란 바로 호기심이었다. 자기가 만든 작품에 만족한 제우스는 최초의 여자에게 판도라라는 이름을 주었는데 그것은 '모든 재능을 가진 여자' 또는 '모든 선물을 다 가진 여자'라는 뜻이었다. 그러고는 그녀를 땅으로 내려 보냈다. 판도라가 인간의 땅에서 제일 먼저 만난 사람은 경솔한 에피메테우스였다. 그는 형이 벌을 받게 된 이후 인간들과 함께 살고 있었다. 에피메테우스는 판도라의 아름다움과 부드럽고 순결하며 천진한 자태에 완전히 반해 자기 집에서 함께 살자고 했다. 다음 날, 급한 일로 밖에 나가야 했던 에피메테우스는 판도라를 집에 혼자 남겨 두었고 그녀는 즉시 집 안 구석구석을 샅샅이 뒤지기 시작했다. 그녀는 곧 프로메테우스가 인류의 재앙을 가두어 에피메테우스에게 맡겼던 상자를 찾아냈다. 상자 위에 적힌 '어떤 이유로든 열어 보지 말 것'이라는 글은 그녀의 호기심을 자극했다. 그래서 에피메테우스가 눈치 채지 못할 거라고 생각하고는 상자의 뚜껑을 열었다. 그러자 증오, 시기심, 죄, 후회, 질투, 고뇌 같은 대죄악과 신체와 영혼에 관련된 갖가지 질병이 마치 폭풍우처럼 상자 속에서 빠져나와 땅 위로 퍼져 나갔다.

이런 점은 심층 심리학적으로 인간의 내면세계를 엿볼 수 있다. 집으로 돌아온 에피메테우스는 상자가 열려 텅 비어 있는 것을 보고는 망연자실하고 말았다. 그런데 상자가 아주 말끔히 비어 있지는 않았다. 상자 밑바닥 한구석에 아주 작은 또 하나의 상자가 있었던 것이다. 종이로 싸여 있는 그 작은 상자 위에는 '유사시에 열어볼 것'이라고 적혀 있었다. 최악의 경우를 예상했던 프로메테우스가, 인간이 살아 나가며 겪게 될 모든 유독한 일들에 대한 유일한 해독제를 상자 속에 하나 집어넣었던 것이다. 그것은 모든 질병에 대한 보편적인 처방책이자 온갖 고통을 덜어 줄 수 있는 위안이 되기도 하는 것이었다. 에피메테우스는 떨리는 손으로 작은 상자를 열었다. 그러자 상자 안에서 '희망'이 빠져나왔다. 그 덕분에 인간은 어떤 횡액을 당해도 희망만은 버리지 않고 사는 경건한 자세를 갖출 수 있었다. 희망을 버

리지 않는 한 그 어떤 고난과 불행, 시련도 우리 존재의 뿌리를 흔들
수 없다. 희망은 상자를 빠져나간 그 모든 악에 대적할 수 있는 힘을
가지고 있는 것이다. 판도라의 상자가 인류에게 던지는 위대한 메시
지는 인간의 마음 깊은 곳에는 사악함과 나약함이 숨어 있다는 것,
하지만 희망은 그 모든 죄악과 재앙에 대처할 힘이 있다는 것, 희망
을 잃지 않는 한 그 어떤 시련과 불행도 이겨 낼 수 있음을 의미한다.

# 제4장
## 제우스의 여인들

여자를 창조해 낸 제우스의 첫째 목표는 인간의 행복을 방해하려
는 데 있었다. 하지만 또 한편으론, 올림프스의 여신들로는 더 이상
충족되지 않는 자신의 사랑의 열망을 좀 더 넓은 출구를 통해 만족시
키고자 하는 속셈 또한 없지 않았을 것이다. 실제로 제우스의 애정
편력의 리스트에는 여신들의 수에 못지않게 수많은 인간 여자들이
포함되어 있다.

# 헤라와 이오

　하늘의 여왕 헤라(유노)는 어느 날 갑자기 날이 어두워지는 것을 보고 이것은 필시 남편인 제우스가 세상에 알려지기를 원치 않는 행동을 하고 그것을 감추려고 구름을 일으킨 것이라고 생각하였다. 헤라가 구름을 헤치고 보니 제우스는 풀이 무성한 냇가에서 아름다운 암송아지와 함께 있었다. 헤라는 그 암송아지가 분명 인간의 모습을 한 요정이 변장한 것이라고 여겼는데 그것은 사실이었다.

　제우스는 물의 신 이나코스의 딸인 이오와 지금까지 노닐다가 헤라가 가까이 오는 것을 보고 이오를 암송아지로 변장시킨 것이다. 헤라는 남편 곁으로 와서 암송아지를 보고 그 아름다움을 찬양하였다. 그리고 누구의 것이며 무슨 짐승이냐고 물었다. 제우스는 꼬치꼬치 캐물을 것이 분명하다고 여기고 지상에서 태어난 새로운 품종일 뿐이라고 대답했다. 헤라는 그것을 자신에게 선물로 달라고 간청하였다. 제우스는 어떻게 하면 좋을지 망설였다. 그는 정부를 아내에게 주긴 싫었다. 그러나 송아지 한 마리를 못 주겠다고 거절하면 의심을 받을 것 같아 승낙하고 말았다. 그러나 헤라는 의심이 싹 가시지 않았으므로 송아지를 아르고스에게 맡기고 엄중한 감시를 하도록 명했다. 아르고스는 머리에 백 개의 눈을 가지고 있었다. 그리고 잘 때에는 언제나 동시에 두 개 이상의 눈을 감지 않았으므로 이오를 쉬지 않고 감시할 수 있었다. 낮에는 마음대로 먹을 수 있도록 풀어 놓고 밤이 되면 목덜미를 보기 흉한 끈으로 결박하였다. 이오는 팔을 내밀고 아르고스에게 결박을 풀어 달라고 애원하려고 했으나 내밀 팔이 없었고, 더군다나 목소리는 자신도 깜짝 놀랄 정도로 소의 울음소리와 닮아 있었다. 아버지와 자매들을 발견하고 달려가면 가족들은 오히려 아름다운 소라고 등을 토닥거려 주었다. 아버지가 손을 내밀며 풀을 한 줌 주었다. 이오는 아버지의 손을 핥았다. 자기가 누구인가를 아버지에게 알리고 싶었다. 자기의 소원을 말하고 싶었다. 그러나 말을 할 수가 없어 안타깝기만 했다.

마침내 이오는 한 가지 방법을 생각해 냈는데 그것은 글씨를 쓰는 것이었다. 이오는 발굽으로 모래 위에 자기의 이름을 썼다. 아버지 이나코스는 그것을 알아보았다. 그렇지 않아도 오랫동안 딸의 행방을 수소문하여 찾던 중이었다. 이나코스는 애통한 마음을 금할 수 없어 딸의 목을 끌어안으며 외쳤다. "오, 나의 딸아! 오히려 너를 아주 잃는 것이 덜 고통스러웠을 거다." 이나코스가 이같이 탄식하고 있는 것을 보고 아르고스는 가까이 다가와 이오를 쫓고 들판이 잘 내려다보이는 높은 둑 위에 자리를 잡고 앉아 이오를 감시했다. 제우스는 자기의 연인이 고생하는 것을 보자 괴로워 견딜 수가 없었다.

제우스는 이윽고 헤르메스를 불러 아르고스를 죽이라고 명령하였다. 헤르메스는 서둘러 발에는 날개 돋친 신을 신고, 머리에는 모자를 쓰고, 잠이 오게 하는 지팡이를 짚고 천상의 탑에서 지상으로 뛰어내렸다. 지상에 도착하자 날개를 떼어 버리고 지팡이만 손에 들고 양 떼를 몰고 있는 목동의 차림으로 이리저리 거닐면서 피리를 불었다. 시링크스라고 불리는 피리였다. 한편 아르고스는 지금까지 그런 악기를 본 일이 없었으므로 호기심이 생겼다. "이보게 젊은이, 내 곁에 있는 이 바위 위에 앉게나. 이곳은 양이 풀을 뜯기에는 그만이라네. 그리고 이곳에는 목동이 쉴 수 있는 시원한 그늘도 있다네." 헤르메스는 아르고스의 곁에 앉아 이런저런 이야기를 나누었다. 그리고 감시의 눈을 잠들게 하기 위해서 마음을 진정시키는 곡조로 피리를 불었다. 그러나 그것도 허사였다. 아르고스의 눈은 일시에 잠들지 않기 때문이었다.

이런저런 이야기 끝에 헤르메스는 자기의 피리가 어떻게 만들어진 것인가를 설명하기 시작했다. "시링크스라는 이름을 가진 요정이 있었지요. 그 요정은 사티로스와 숲의 요정들로부터 한 몸에 사랑을 받고 있었지요. 그러나 시링크스는 누구도 좋아하지 않고 여신 아르테미스의 충실한 숭배자로서 사냥하는 데에만 따라다녔지요. 시링크스가 사냥복을 입었을 때에는 여신 자신과 혼동될 만큼 비슷해 보였어요. 오직 다른 점이 있다면 아르테미스의 활은 은으로 만든 것이었는데 시링크스의 활은 뿔로 만든 것이라는 점뿐이었습니다. 어느 날 시링크스는 사냥에서 돌아오던 길에 판을 만나게 되었는데 판도 그와 같은 말을 하지 않겠어요? 시링크스는 그의 찬사에도 귀 기울이지 않고 달아나고 말았지요. 그는 시냇가의 둑까지 시링크스의 뒤를 쫓아 그곳에서 그녀를 붙잡았지요. 다급해진 시링크스는 친구인 물의 요정들에게 구원을 요청했고, 물의 요정들은 시링크스를 돕기로 했어요. 판은 시링크스의 몸이라 생각하고 힘껏 껴안았는데 알고 보니 그가 껴안은 것은 한 움큼의 갈대였어요. 그가 탄식을 하자 공기가 갈대 속을 지나 애소하는 듯한 멜로디를 냈지요 판은 그 신기하고 감미로운 멜로디에 취하여 말하였습니다. '이렇게 해서라도 너를 나의 것으로 만들어 보겠다.' 그래서 판은 몇 개의 갈대를 쥐고 길이가 같지 않은 것을 나란히 한데 합쳐 피리를 만들었답니다. 그리고 물론 사랑하는 요정의 이름을 붙여 시링크스라 불렀답니다."

헤르메스가 이 이야기를 다 끝마치기 전에 아르고스의 눈들은 스르르 감겼다. 그의 머리가 가슴으로 늘어져 흔들거리는 것을 보자 헤르메스는 단칼에 그의 목을 베었다. 백 개의 눈을 가진 아르고스의 머리가 바위 아래로 굴러 떨어지고 말았다. 백 개의 눈이 일시에 그 빛을 잃고 만 것이다. 헤라는 이 눈들을 빼어 자기의 공작 꼬리에 장식으로 매달았다. 그래서 오늘에 이르기까지 그 눈들은 공작의 꼬리에 남아 있다. 그러나 헤라의 복수심은 더욱 타올랐다. 그녀는 이오를 괴롭히기 위하여 동물의 피를 빨아먹는 등에 한 마리를 보냈다. 이오는 이 등에의 추적을 피하여 온 세상을 떠돌아다녔다. 이오는 오늘날의 이오니아 해협을 헤엄쳐서 건넜으므로 그 바다는 이오의 이름을 남기고 있다. 그리고 일리리아의 들을 방황하고, 하이모스 산에 오르고, 트라키아 해협을 횡단—이 해협의 이름을 보스포루스(소가 건넜다)라고 하는 것은 여기에서 유래한다—하고 스키티아 지방과 킴메리아인의 나라를 방황한 후에 나일 강 가에 도착했다. 더 이상의 불행을 지켜볼 수 없었던 제우스는 이오를 원래의 모습으로 돌아오게 하는 데 동의했다. 이오가 인간의 모습으로 돌아온 과정은 참으로 기묘했다. 몸에서 거친 털이 빠지고, 뿔이 사라지고, 눈이 점점 작아지고, 입이 짧아졌다. 앞발의 발굽 대신에 손과 손가락이 나타났다. 마침내 암송아지의 모습은 완전히 사라지고 본래의 아름다운 모습이 되었다. 이오는 처음에 소의 울음소리가 나지 않을까 염려하여 말을 하지 않았으나 시간이 흐르자 자신감을 가지게 되었고, 곧 아버지와 자매들의 품으로 돌아갔다.

## 헤라와 칼리스토

칼리스토도 헤라의 질투심을 자극한 미녀 중의 하나였다. 제우스는 이 칼리스토에게도 군침을 흘렸지만 아무래도 칼리스토가 완강하게 저항할 것 같았다. 제우스는 딸 아르테미스로 몸을 바꾸고 칼리스토에게 접근했다. 칼리스토는 자신이 섬기는 아르테미스 여신인 줄 알고 접근을 허락하였다. 그제야 제우스는 본모습을 드러내고 칼리스토를 훔치게 된다. 칼리스토가 임신을 하자 헤라의 질투심은 극에 달하게 된다. "나의 남편을 매혹하게 한 너의 아름다움을 뺏는다." 이렇게 말하고 헤라는 그녀를 곰으로 변하게 했다. 칼리스토는 손과 무릎을 땅에 대고 애원하기 위해 팔을 펴려고 하였다. 그러나 팔에는 벌써 검은 털이 나기 시작했다. 손은 둥글고 아래로 오목하게 휜 손톱이 생겨났다. 제우스가 아름답다고 늘 칭찬하던 입은 무서운 한 쌍의 턱이 되어 버렸다. 듣는 이의 마음을 자극하여 애련의 정을 불러일으키던 목소리는 으르렁대는 소리로 변하여 공포감을 불러일으키는 데 적합한 소리가 되었다. 그러나 마음만은 전과 다름이 없었다.

그녀는 신음 소리를 그치지 않으면서 자기의 운명을 탄식하였다. 그리고 용서를 빌기 위해 앞다리를 올리면서 될 수 있는 한 꼿꼿이 섰다. 말은 할 수 없었지만 속으로는 제우스를 원망하였다. 칼리스토는 밤이 되면 홀로 숲 속에 있는 것이 무서워 전에 다니던 곳을 방황한 일도 한두 번이 아니었다. 얼마 전까지만 해도 여자 사냥꾼이었던 그녀가 사냥개에 놀라고 사냥꾼이 두려워 도망을 쳐야만 하기 때문이다. 때로는 자기가 짐승임을 잊고 다른 짐승을 피하여 숨기도 했으며, 자기 자신이 곰이면서도 다른 곰을 두려워하였다. 어느 날 한 청년이 사냥을 나왔다가 칼리스토를 만났다. 칼리스토는 그 청년이 장성한 자기 아들임을 알아보고 다가가 그를 포옹하려고 하였다. 놀란 청년은 다가가 칼리스토를 찌르려고 하였다. 그때 이 광경을 본 제우스는 그들의 행동을 멈추게 하여 하늘의 별들 사이에 데려다 놓았다. 이 별자리가 바로 큰곰과 작은곰이다.

헤라는 자기의 적이 이처럼 명예스러운 자리에 오르자 분해서 견딜 수가 없었다. 그녀는 급히 연로한 바다의 신인 테티스와 오케아노스에게 갔다. 그리고 그들이 무슨 일로 왔느냐고 묻자 대답하기 시작했다. "당신들은 신들의 여왕인 내가 왜 넓은 하늘을 떠나 이 깊은 바다까지 왔느냐고 물으셨죠? 나를 하늘에서 밀쳐 내고 대신 내 자리를 차지한 자가 있어요. 내 말을 믿을 수 없다면 밤하늘을 보세요. 그러면 북극 하늘, 제일 작은 별자리가 있는 곳에 내가 원한을 품을 수밖에 없는 것들이 하늘로 올라온 것이 보일 거예요. 나를 노하게 한 자가 이와 같이 명예를 받게 된다면 누가 나의 노여움을 두려워하겠어요. 그렇지 않아요? 내가 한 일의 결과가 어떻게 되었는지 보세요. 나의 권능이 이 정도밖에 안 된단 말이에요. 내가 전에 이오에게 본래의 모습을 찾게 해 주었듯이, 그년에게도 차라리 그렇게 했더라면 이렇게 속이 상하진 않았을 텐데…… 분명 제우스는 그년과 결혼하고 나를 쫓아낼 거예요. 그러나 나의 부모인 당신들이 나를 동정하신다면 그리고 내가 이런 냉대를 받는 것이 억울하시다면 그것들이 바다로 들어오는 것을 막아 주세요. 부탁이에요.”

헤라의 얘기를 듣고 대양의 신들은 동의하였다. 그 결과 큰곰과 작은곰의 별자리는 하늘에서 맴돌 뿐 다른 별들처럼 대양 밑으로 가라앉는 일은 없게 되었다.


## 헤라와 아프로디테


아프로디테가 여성원리(女性原理)의 상징이며 에로틱한 여성의 소상(消像, 창부적인 자유여성)인 데 비해 제우스의 정식 부인인 헤라는 모권적인 여성, 가정적인 여성, 주부의 상징으로 창조된 여신이다. 헤라는 남편인 제우스를 설복시키기 위해 아프로디테로부터 성애기술을 배워야 할 정도로 애욕에 관해선 서투르고 무지하여 남편 제우스는 끊임없이 외도를 일삼는다.

　헤라와 아프로디테 두 여신은 원래 여성이 지닌 이중적인 의미를 나타낸다. 헤라는 생식적인 본능을 충족시켜 주는 처로서의 여신이고, 아프로디테는 배설적인 성 본능을 충족시키는 유녀적(遊女的)인 여신이다. 헤라의 남편이기도 하고 최고신인 제우스는 남편으로서 호모 에로티쿠스적인 남자의 상징이다. 헤라는 고대 그리스 여신의 신격으로서 가정부인의 수호신, 성스러운 결혼식을 주재하는 여신, 출산을 주재하는 여신이다. 질투가 강하고 외고집이며 남자를 깔고 앉으려는 버릇이 있다. 제우스가 딴 여신과 바람을 피우면 싸움질도 하고 분하면 친정인 올림프스 산에 가서 신들에게 호소도 한다. 그리고 남편인 제우스에게 반감을 품고 언제나 경계심을 잃지 않았다. 제우스는 헤라의 눈을 피하여 여신 또는 인간인 여자와 바람을 피우게 된다.

　이러한 신화는 그리스에 있어서의 부부생활을 그대로 반영하고 있다. 사실 고대 그리스인의 아내는 정절을 지켰고 남편에게 순종했다. 여자들은 아이들의 교육과 가사에 전념하고 평화적인 가정생활을 이룩하기 위해 헌신적으로 일했다. 결혼도 혼전에 상사상애(相思相愛)한 연애 생활의 연장이 아니고 부친이 인정한 남성과의 강제적인 결합이었다. 남성에 있어서도 경우는 마찬가지다. 정열을 쏟아 사랑한 여자가 아니라 자신의 재산을 상대방에게 주고 물물교환 방식으로 획득한 여자와의 결혼이었다. 이를테면 결혼이란 사도 바울이 말한 바와 같이 불타는 가슴을 진정하고 좋은 자손을 얻기 위한 수단이었다.

결혼한다는 것은 여성에게 있어서 헤라, 즉 정처의 자리에 앉는다는 것은 어떠한 고난도 극복하고 남편을 따라 정절을 지켜야 하는 의무를 다해야 하는 것이었다. 남성에게 있어서도 마찬가지다. 가령 첩을 외방에 두고 있다고 하더라도 가정의 지배는 정처에게 맡길 뿐만 아니라 그 자리를 무시할 수가 없었다. 그러나 첩을 가졌다는 것은 사회적인 신용이 확립되었다는 뜻으로 통하기도 했다. 헤라는 엄격한 일부일처의 규율을 지키는 여신의 상징으로 이해되기도 한다.


## 레다와 백조


어느 날 제우스는 스파르타의 왕 틴다레오스의 젊은 왕비 레다를 정복해 볼 생각을 품었다. 제우스는 천성적으로 소심한 레다를 놀라게 하지 않고 가까이할 수 있는 방법이 무엇인가를 궁리했다. 그러던 중, 그녀가 아름다운 백조들이 노니는 호숫가 산책을 즐기며 특히나 백조들을 몹시 좋아한다는 것을 알아내고는 백조로 변신하기로 했다. 그리고 자기의 독수리에게 레다가 거닐고 있는 호수 근처의 공중으로 백조로 변한 자기를 채 가는 체하라고 시켰다. 가짜 백조의 찢어질 듯한 비명에 놀란 레다는 자신의 두 팔로 백조를 보호했다. 그녀의 두 팔에 안기자마자 제우스는 원래 모습인 신의 형상으로 다시 변해 염치없이 레다의 품에 안겼다.

남의 말을 하기 좋아하는 사람들을 통해 얘기를 전해 들은 헤라는 불같은 남편을 겁내 정작 그에게는 아무런 항의도 못 하고, 불운한 레다에게 복수하기로 결심했다. 그녀는 기상천외의 작업을 통해 레다의 배 속에 아주 커다란 2개의 알을 집어넣었는데, 그 알이 너무도 커서 그것을 밖으로 꺼내는 순간 레다는 숨을 거두고 말았다.

이 2개의 알 중 하나에서 여자 쌍둥이인 헬레네와 클리타임네스트라가 나왔으며, 다른 알에서는 카스트로와 폴리데우케스라는 남자 쌍둥이가 나왔다. 훗날 트로이 전쟁의 시발점이 되었을 정도로 유명한 헬레네는 이 형제의 누이동생이었다. 카스트로는 거친 말을 길들이는 솜씨가 좋았고 폴리데우케스는 권투를 잘했다. 이 둘 사이의 우애가 어찌나 좋았던지 무슨 일을 하든지 꼭 함께 왔다. 아르고나우테스 원정 때도 함께 출전했다. 훗날 뱃사람이나 배로 여행하는 사람들의 수호신으로 믿어졌다. 원정 중에 카스트로가 죽자 폴리데우케스는 그 죽음을 몹시 슬퍼한 나머지 제우스에게 자기가 대신 죽을 것이니 카스트로를 살려 달라고 간청한다. 제우스는 이 소원의 일부만을 들어준다. 말하자면 형제가 생명을 번갈아 누리게 한 것이다.

즉 형제 중 하나가 하루를 지하(죽음의 나라)에서 보내면 나머지는 하루를 천상의 집에서 보내는 것이다. 또 다른 설에 따르면 제우스는 이들의 우애를 높이 사서 게미니(Gemini) 곧 쌍둥이자리로 별자리 사이에다 박아 주었다고 한다. 이 둘은 디오스쿠로이(제우스의 아들들)라는 이름으로 신들의 예우를 받았다. 설명할 길 없는 이 이상야릇한 생성을 통해 나온 네 명의 쌍둥이 중 셋은 인간이었고 폴리데우케스만이 유일하게 신이었다.

# 제5장
## 태양의 신 아폴론과 파에톤

원래 태양의 신은 헬리오스(Hellios)였는데 제우스를 중심으로 세상이 바뀌면서 티탄족들은 물러나고 새롭게 태어난 신들이 자리를 대신했는데 그중에서 가장 뛰어난 신이 아폴론이었다. 금발의 순결한 용모를 지닌 아폴론은 그리스에서 가장 아름다운 신이다. 그는 시, 음악 그리고 의술과 같은 예술의 수호성인이다. 당시의 의술은 오늘날과는 달리 과학이라기보다는 예술로 여겨졌지만, 그렇다고 해서 환자들이 죽어 가는 걸 막을 수는 없었다.

하지만 아폴론은 무엇보다도 태양의 신이었다. 그는 매일 아침 정확한 시간에 네 마리의 혈기 왕성한 신의 말이 이끄는 마차를 태양에 매달고는 하늘을 한 바퀴 돌았다. 단 한 번을 제외하고는 매일 그렇게 했는데, 신중하지 못해 벌어진 그 단 한 번의 실수는 자식에게 너무 약하기만 한 아버지와 지나치게 경망한 자식에 대한 훈계로 두고두고

얘깃거리가 될 만한 것이었다.

　아폴론은 여러 명의 아들이 있었다. 그중 하나가 파에톤이었는데, 그는 흔히 말해 '아버지 덕에 사는 아들'이었다. 자신의 출신을 지나치게 자만하여 친구들에게 자랑을 일삼았고 아버지가 사 준 수많은 선물을 과시하느라 여념이 없었다. 특히 그가 아폴론의 태양 마차 얘기를 할 때면 백만장자의 아들이 자기 아빠의 롤스로이스를 자랑하는 모습 그대로였다. 어느 날인가 친구 하나가 이렇게 말했다. "넌 그 마차를 몰 줄도 모르잖아." 아픈 데를 찔린 파에톤은 즉시 아버지를 찾아가 비위를 맞추면서 시원한 넥타르 한 잔을 대접하고는 이윽고 말을 꺼냈다. "아빠, 제 작은 소원 하나만 들어주세요." "신성한 스틱스 강물에 맹세코 네 청을 들어주마." 스틱스의 이름을 걸고 한 맹세는 그리스 신들에게 절체절명의 것이었다. 그걸 어긴 자는 올림프스에서 추방당하고 넥타르와 암브로시아를 박탈당한 채 3개월에서 6개월까지 다른 곳에 머물러야 하는 형벌이 부과되며, 재범일 경우에는 형량이 더 무거워진다. 그래서 그는 그제야 아주 침착하게 자신의 요구 사항을 구체적으로 얘기했다. "태양 마차를 제게 빌려 주셔서 하루만 몰게 해 주세요." 아폴론은 아들을 설득하려 했다. 혈기 왕성한 말들은 자신에게만 복종하기 때문에 태양이 따라가야 하는 시간과 궤도를 조심스럽게 지켜 가기가 쉽지 않으며, 그로서도 장담할 수 없는 심각한 돌발사의 위험조차 있다고 설명했지만 소용이 없었다. 아폴론은 약속을 지켜야만 했다.

다음 날 새벽, 파에톤은 고삐를 잡았고 마차는 돌진했다. 마차를 모는 사람이 평소의 주인이 아니라는 것을 느낀 말들은 즉시 마구 날뛰기 시작했고 마차를 순식간에 천정점으로 끌고 갔는데, 그 지점은 정오에나 도달해야 하는 곳이었다. 땅에서는 놀라움과 혼란이 일어났다. 아낙네들이 아침 준비를 서두르고 있는데, 남편들은 벌써 점심을 달라고 했다. 애들은 교실에 들어서자마자 다시 나오려고 했다. 농부들은 아침나절 내내 한 이랑의 밭도 갈지 못한 걸 보고는 깜짝 놀랐다. 바로 그 순간, 약간의 통제력이 생긴 파에톤은 왔던 길을 되돌아가도록 말을 몰았다. 이로써 역사 이래 최초이자 최후로 태양이 서쪽에서 동쪽으로 움직이게 되었다.

질겁한 신들은 제우스에게 이 일에 개입하여 이러한 재난을 어서 멈추라고 강력히 요구했다. 그러나 태양의 문제는 자신의 소관이 아니라고 판단한 올림프스의 지배자는 자기 손자를 응징하는 일에 여전히 머뭇거리고 있었다. 그러한 가운데 파에톤은 일대 모험을 감행하기로 했다. 자신의 명령에 따라 질주하는 마차를 친구들이 좀 더 가까이에서 볼 수 있게 하려고 말들을 땅 쪽으로 바짝 붙이고는 마차를 땅에 닿을락 말락 하게 낮게 몰아간 것이다. 마차가 지나가자 태양이 곡식이며 집들을 모두 태워 버렸고, 커다랗게 떠다니는 빙산을 녹여 버리고, 강을 메마르게 하고, 아프리카에 사는 사람들의 피부를 영원히 검도록 태워 버렸다. 이건 정도가 너무 심했다. 제우스는 경솔한 파에톤에게 벼락을 내렸고, 아폴론은 광란의 마차를 서둘러 다시 몰았다.


## 까마귀의 깃털과 아스클레피오스


소크라테스가 닭 한 마리를 빚졌다고 한 아스클레피오스는 다름 아니라 델포이의 지배자 아폴론의 아들이었다. 아스클레피오스의 탄생을 둘러싼 신화는 디오니소스만큼이나 비극적이다.

아스클레피오스의 어머니는 테살리아의 공주 코로니스(까마귀 처녀)였다. 젊고 아리따운 코로니스를 손에 넣은 아폴론은 혹시 자신이 없는 사이에 그녀가 바람을 피울까 염려하여 흰 까마귀 한 마리를 시켜 그녀를 감시하게 하였다.

그런데 오래지 않아 까마귀가 날아와 코로니스가 다른 남자와 정을 통한다는 소식을 전했다. 분노한 아폴론은 그 즉시로 화살을 날려 코로니스의 가슴에 명중시켰다. 아폴론은 소식을 전한 까마귀한테마저도 화가 나서 원래의 흰빛을 보기 흉한 검은빛으로 바꾸어 버렸다. 하지만 홧김에 일을 저지른 아폴론은 곧 가슴을 치며 후회했다. 더구나 코로니스는 태중에 아폴론의 아이를 가지고 있었다. 자신의 모진 행동을 자책하며 황급히 테살리아로 가 보았으나 코로니스의 몸은 이미 화장용 장작더미 위에서 불타고 있는 중이었다. 아폴론은 활활 타오르는 장작더미 속으로 뛰어들어 까맣게 타 버린 코로니스의 몸을 거두고 그 속에서 아이를 끄집어냈다. 그 아이가 바로 아스클레피오스였다. 아스클레피오스는 죽어 가는 사람, 곧 저승으로 내려가는 사람의 영혼을 이승으로 다시 데리고 올라오는 의술의 신이다. 아폴론은 어미 잃은 이 자식을 켄타우로스족에 속하는 현자 케이론에게 맡겨 의술을 가르치게 했다. 뒷날 아스클레피오스는 뛰어난 의술로 사람들을 치료하여 온 그리스에 이름을 떨쳤고 의술을 가르치는 학교도 세웠다(히포크라테스도 아스클레피오스가 코스 섬에다 세운 의숙의 학생이었다고 전해진다). 하지만 아스클레피오스는 뛰어난 의술 때문에 어이없이 죽음을 맞았다. 한번은 죽은 사람을 살려 낸 일이 있었는데 저승의 왕 하데스가 그것을 이유로 제우스에게 징벌을 요구했다. 사람으로 하여금 이승과 저승을 넘나들게 한 것은 감히 제우스와 하데스의 법을 어지럽힌 행위라는 것이었다. 하데스의 요구에 밀린 제우스는 결국 벼락을 날려 아스클레피오스의 명줄을 끊고 말았다. 하지만 아스클레피오스는 죽은 뒤에도 사람들에게 지극한 섬김을 받았다. 사람들은 병이 들면 제일 먼저 아스클레피오스의 사당을 찾아가 쾌유를 기원했고 병이 나으면 아스클레피오스의 은덕이라 하여 사당에 제물을 갖다 바쳤다.

아스클레피오스에게 닭을 한 마리 빚졌다고 한 소크라테스의 말은 그런 관습에서 나온 것이었다. 즉 자신의 병이 나았으니 아스클레피오스에게 보답하라는 당부였다. 독배를 마시고 숨을 거두는 마당에 그는 무슨 병이 나았음을 고마워한 것일까. 참된 지혜와 절대적인 진리를 향하는 갈구, 그 목마름이 나았다는 말이었을까.


## 미다스 왕의 황금손


그리스 신화에 소아시아 프리기아 왕국의 왕으로 등장하는 미다스는 크레타의 미노스 왕과 비슷하게 반은 역사적인 인물로 추정된다. 프리기아 왕국이 있었던 상가리우스 지역의 바위로 된 기념비에 그 이름이 새겨져 있으며 또 고대 아시리아에서는 '미타'라는 이름으로 알려져 있었다.

헤로도토스가 『역사』에 기록해 놓은 바에 따르면, 상당히 명민한 통치자였던 미다스는 외적의 침입을 받고 B.C 700년경에 자살했다고 한다. 그러나 역사가들은 미노스와 마찬가지로 미다스도 한 개인의 이름이 아니라 왕조의 이름이었으리라 추측한다. 미다스에 관한 전설은 여러 가지가 전해 오는데 그 가운데 하나가 저 유명한 '임금님 귀는 당나귀 귀' 이야기이다.

임금님의 귀가 당나귀 귀임을 알게 된 이발사가 임금의 '언론 탄압(?)' 때문에 여위어 가다가 결국 빈 들판에 구덩이를 파고 그 '국가 기밀'을 털어놓고 말았다는 이야기 말이다. 알다시피 그 뒤로 구덩이에서 갈대가 자라나 바람만 불면 '임금님 귀는 당나귀 귀'라고 속삭여 대는 바람에 그 국가기밀이 그만 국민적 상식이 되고 말았다는 것이다. 여기까지는 우리가 익히 알고 있는 이야기인데 미다스가 당나귀 귀를 가지게 된 억울한 연유는 별로 알려지지 않았다. 사연인즉 이러하다. 프리기아 땅에 사는 하신(河神) 마르시아스는 사슴뿔로 만든 피리를 기가 막히게 잘 불었다. 그래서 마르시아스의 피리 솜씨 앞에서는 아폴론의 수금도 솜씨가 무색하겠다는 소문이 퍼져 나가 기어이 아폴론의 귀에까지 들어가고 말았다. 명색이 음악의 신으로서 듣기에 그다지 기분 좋은 소문은 아니었다. 어느날 아폴론은 마르시아스를 찾아가 솜씨를 겨뤄 보자고 했다(아폴론과 솜씨를 겨룬 상대는 전하는 이에 따라 다르다. 목신 판이라고도 하고 사티로스라고도 한다. 또 마르시아스이기는 하나 그는 하신이 아니라 보통 인간이었다는 이야기도 있다). 이기는 쪽이 지는 쪽의 껍질을 산 채로 벗기자는 끔찍한 제안에도 불구하고 마르시아스가 겁 없이 내기를 받아들인 것은 상대가 아폴론인 줄 몰랐기 때문이었다.

아폴론은 그때 제우스에게 벌을 받아 인간 세상에서 잠시 양치기 생활을 하고 있는 중이었는데, 양치기 차림으로 와서는 자신이 누구라는 내색도 않고 그런 제안을 했다. 그런데 이 두 신의 솜씨 겨루기에 심판으로 초대된 이가 바로 산신 토몰로스와 미다스왕이었다. 경연이 끝난 뒤 토몰로스는 아폴론의 승리를 판정했으나 미다스는 눈치 없이 마르시아스의 손을 들고 말았다.

노한 아폴론은 하신 나부랭이의 피리 가락과 음악의 신이 타는 수금 가락도 제대로 가려듣지 못했다는 이유로 미다스의 '귀 같잖은 귀'를 그만 볼썽사나운 당나귀 귀로 만들어 버렸다. 미다스로선 고래 싸움에 애꿎게 등이 터진 셈이었다. 신의 권위에 주눅 들지 않고 당당히 자신이 좋다고 느낀 쪽의 손을 들어 준 대목을 놓고 볼 때 미다스는 확실히 남다른 데가 있는 왕이었던 모양이다. 비록 이발사 때문에 망신을 좀 당하긴 했지만 소신껏 살자면 늘 그만한 수난쯤은 따르기 마련이다.

그런데 미다스는 소신만 있었던 게 아니라 풍류도 제법 아는 멋쟁이였다. 어느 날 프리기아의 농부들이 술에 취해 거리를 방황하고 있는 노인을 데려왔다. 다름 아닌 주신 디오니소스의 양아버지이자 스승인 실레노스였다. 실레노스는 반인반수의 사티로스 종족이었으나 지혜롭기로 유명했다. 후세의 철학자 플라톤이 자신의 스승 소크라테스를 실레노스에 비유하기도 했을 정도였다. 미다스는 인사불성의 노

인이 실레노스임을 알아보고 자그마치 열흘 동안이나 주연을 베풀며
잘 대접했다.

　이 사실을 안 디오니소스는 너무나 고마운 나머지 미다스에게 소
원을 한 가지 들어줄 테니 무엇이든 말해 보라고 하였다. 고기 수천
마리를 얻는 것보다 고기 잡는 법을 배우는 게 낫다는 이치를 꿰고
있던 터라 미다스는 자신의 손이 닿는 것이면 무엇이든 금으로 변하
게 해 달라고 대답했다. 디오니소스는 미다스의 청이 마땅찮긴 했지
만 약속한 대로 소원을 들어주었다. "원하는 대로 되리라"는 디오니
소스의 말을 듣고 미다스는 처음엔 반신반의하였다. 그래서 가까이에
있는 참나무 가지를 한번 꺾어 보았다. 가지는 곧 황금가지로 변했다.
그러고도 믿기지 않아 미다스는 이것저것 보이는 대로 손을 대 보았
다. 조약돌도, 잔디도, 사과도 무엇이든 손이 닿기만 하면 모조리 금
으로 변했다. 그러나 미다스가 자신의 어리석음을 깨닫는 데는 그리
오랜 시간이 걸리지 않았다.

　너무나 놀랍고도 기쁜 나머지 미다스는 큰 잔치를 열었다. 흡족한
마음으로 포도주를 한 잔 들이키려는데 이게 웬일인가! 잔도, 잔 속에
든 술도 금으로 변해 버렸다. 빵을 한 조각 먹으려 해도, 고기를 한
점 집으려 해도 손을 대는 순간 그것은 모두 금으로 변해 버렸다. 사
방엔 금이 흘러넘치는데 미다스는 굶어 죽을 판이었다. 미다스의 황
금 손은 이제 횡재가 아니라 횡액이요, 저주였다. 미다스가 자신의 탐

욕을 뉘우치며 탄식하고 있을 때 하나뿐인 딸이 아버지를 위로하러 내전으로 들어왔다. 슬픔에 겨운 나머지 미다스는 위로하는 딸의 손을 꼭 잡았다. 그런데 아뿔싸, 애지중지 길러 온 귀여운 딸마저 황금상으로 변하고 말았다.

엄청난 재앙 앞에서 넋을 잃은 미다스는 염치 불구하고 디오니소스를 찾아가 딸만은 살려 달라고 빌었다. 디오니소스는 미다스가 스스로 어리석음을 깊이 깨달았음을 알고 자비로이 일러 주었다. "팍톨로스 강으로 가되, 강의 원천까지 거슬러 올라가 거기에 그대의 머리와 몸을 담그고 탐욕과 어리석음을 씻어라." 미다스는 디오니소스가 시키는 대로 팍톨로스 강물에 몸을 씻고 황금의 저주에서 풀려났다. 그런데 황금을 만드는 미다스의 능력이 강물로 옮아가 강바닥의 모래가 모두 금모래로 변했다고 한다.

미다스의 손은 하는 일마다 사업이 잘되어 큰돈을 번 사람 또는 그런 사람의 운과 능력을 가리키는 말이다. 이러한 신화에서 주는 메시지는 이미 많이 가졌으면서도 더 많은 욕심을 부리는 물질 숭배의 어리석음을 일깨워 주는 신화이다.

# 황금의 강 그리고 골드러시(Gold Rush)

북미 대륙은 어느 모로 보나 미다스가 몸을 씻었다는 팍톨로스 강과는 아무런 연관이 없다. 그러나 1848년 1월 24일 아침, 신화 속의 팍톨로스 강이 북미 대륙의 남서부에 현현(顯現)하였다.

그날 아침, 스코틀랜드 출신의 목수 제임스 윌슨 마샬은 세라네바다 산맥 기슭 아메리카 강변에 자리 잡은 제재소의 방수로를 점검하고 있었다. 비가 역수같이 퍼부었기 때문에 혹시 방수로에 이상이라도 있을까 염려해서였다. 방수로엔 물이 세차게 흐르고 있었고 물 밑바닥의 진흙 위엔 자갈과 암석 조각이 가라앉아 있었다. 바닥을 내려다보던 어느 순간, 마샬은 자갈과 암석 조각 사이에 희미한 광택을 내는 콩알만 한 물체가 섞여 있는 걸 보았다. 그는 둑에 쭈그리고 앉아 그 물체를 들여다보며, 그의 표현을 빌리면 "골똘히 생각에 잠겼다." 그러고는 그것을 몇 알 주워 들고 자신의 상관인 요한 오거스트 사타에게로 달려갔다. 두 사람은 방문을 꼭 잠근 채 설레는 가슴을 달래며 『아메리카 백과사전』에 쓰인 대로 약제용 저울을 몇 번이고 테스트를 반복했다. 그 결과 마샬이 들고 온 물체가 뛰어나게 순도 높은 금이라는 사실이 의심할 여지없이 확실해졌다.

두 사람은 누구에게도 이 사실을 알리지 않기로 약속했지만 일주

일도 지나지 않아 비밀은 누설되고 말았다. 소문은 캘리포니아의 카우보이들을 거쳐 바다 저쪽의 하와이, 남쪽으로는 멀리 페루와 칠레까지 퍼져 나갔다. 6개월 뒤에는 미국 동부 지역의 주요 도시에까지 소문이 닿았다. 처음엔 연안 무역에 종사하고 있던 선원들과 멕시코와의 전쟁 때문에 인근 몬테레이에 주둔하고 있던 병사들이 금을 찾아 몰려왔다.

주둔군 사령관은 워싱턴의 중앙 정부에 "소문은 과장이 아니다"는 보고를 했고, 이어 조폐국 국장이 "캘리포니아에서 발견된 금광석 중에는 순도가 98.7%나 되는 것도 있다"고 공식 확인했다. 12월에 들어서는 급기야 당시 포크 대통령이 "수많은 소문 중에서 터무니없이 공상적인 것을 빼면 사실이라고 하지 못할 것도 없다"고 의회에서 공식적으로 발언함으로써 골드러시는 걷잡을 수 없는 속도로 번져 갔다. 골드러시는 사람들이 새로 발견한 금광으로 급속하게 몰려드는 것을 이르는 말이다. 예로부터 어느 사회에서나 금의 가치를 높이 평가했기 때문에 새 금광이 발견되면 많은 사람들이 몰려들었다. 1849년에 접어들면서 유럽·중남미·중국 등지에서까지 금에 '눈이 뒤집힌' 사람들이 몰려왔다. 1849년 한 해 동안만 해도 금을 찾아 몰려든 사람들의 수는 무려 8만에 육박했다. 이들을 일러 포티 나이너스(forty-niners)라고 한다. 포티 나이너스의 쇄도로 말미암아 미국 서해안 지역의 몇몇 소도시들은 동부의 대도시 못지않은 큰 도시로 급성장했다.

미국에서 골드러시는 서부의 발전에 중요한 역할을 했다. 골드러시로 도시, 주, 교통망이 새로 생겨났으며, 경제활동도 다양해졌다. 그 대표적인 도시가 바로 샌프란시스코이다. 오늘날 샌프란시스코에 '포티 나이너스'라는 미식축구팀이 있는 것도 그런 역사적 배경에서이다. 캘리포니아는 1850년에 미국의 정식 주로 편입되었는데 이 또한 삽시간에 몰려든 포티 나이너스 덕택이었다.

# 제6장
## 인간에게 쾌락을 선사한 디오니소스

인간 여자들을 유혹하기 위해 제우스는 주저하지 않고 갖가지 다양한 형태로 변신했는데, 때로는 백조로, 때로는 황소로 또 언젠가는 비로 변신하기도 했다. 제우스가 테베의 젊은 공주였던 세멜레를 유혹하려 했을 때, 처음에는 인간의 형태를 취했다.

하지만 세멜레가 저항했기 때문에 결국에는 자신의 진짜 정체를 말하고 말았다. 그제야 세멜레는 제우스를 받아들였다. 그런데 판도라의 후예들이 가진 어찌할 수 없는 호기심에 사로잡힌 그녀는 올림프스의 지배자가 진짜로는 어떤 모습인지 몹시 궁금했다. 그래서 어느 날 밤 제우스에게 말했다.

"저를 기쁘게 해 주겠다고 약속하세요." 경솔하게도 제우스는 그렇게 하겠노라고 대답했다. 그러자 세멜레는 부탁의 말을 했다. "제게 경이로운 신의 완전한 모습을 보여 주세요." 제우스는 어떤 인간도

신의 모습을 견뎌낼 수 없다는 걸 알고 있었지만, 약속을 꼭 지킨다는 원칙을 가지고 있었기에 어쩔 수가 없었다.

"네가 원한 것이니 후회는 하지 마라"라고 슬프게 말하면서 제우스는 신의 모습으로 돌아갔다. 세멜레는 그 즉시 횃불처럼 타 버렸고 숨을 거두기 직전 제우스에게 겨우 이렇게 소리칠 수 있었다. "내 뱃속에 있는 당신 아이를 구하세요." 제우스는 성급히 세멜레의 배에서 몇 주일 된 태아를 꺼내어, 어쩔 줄 몰라 하다가 자신의 엉덩이 속에 집어넣어 버렸다. 몇 달 후, 별 탈 없는 잉태 기간 끝에 제우스의 엉덩이에서는 디오니소스가 빠져나왔다.

디오니소스는 인간의 아들이었으므로 정상적으로 따지면 반신(半神)이거나 단순한 영웅에 불과했을 것이다. 하지만 자기 몸속에 품고 있다가 낳은 아이였기에, 제우스는 그를 완전한 권리를 가진 신으로 만들기로 결심했다. 어른이 된 디오니소스는 모계의 혈통 때문이었는지, 인간 종족에 대해 각별한 애정을 품었고 인간에게 남다른 도움을 주려고 했다. 이미 프로메테우스는 인간에게 희망을 줌으로써 정신과 육체의 고통을 좀 더 잘 견뎌 내게 했다. 인간이 설정할 수 있는 가장 야심적인 계획이란 것이, 몇몇 염세적인 철학자들이 실재론과 더불어 주장하듯이, 결국은 고통의 완화에 있다고 한다면 프로메테우스의 도움은 상당한 것이다.

디오니소스는 쇼펜하우어나 프로이트를 읽지 않았음에도, 고갈되

지 않는 쾌락과 즐거움과 향연을 인간에게 제공함으로써 프로메테우
스보다 더 나은 일을 하고자 했다. 그는 인간에게 술을 주었다. 그리
고 포도 재배기술을 전파하고 술에 대한 예찬을 퍼뜨리는 일에 일생
을 바쳤다. 그는 목신들과 숲의 요정들 그리고 여사제관들을 앞세우
고 이 나라 저 나라를 돌아다녔다.

　동반자였던 2명의 신은 그의 곁을 떠나지 않았다. 그중 하나는 술
에 절어 불그레한 얼굴과 뚱뚱한 배를 가진 실레노스였는데 그를 당
나귀에 태워 가려면 2명의 보조자가 필요할 정도였다. 또 한 명의 신
은 다른 목신들처럼 털투성이에다 머리에 뿔이 나고 산양의 발을 가
진 판이었다. 그는 줄곧 요정들의 뒤를 쫓아다녔는데 너무나 못생긴
얼굴 때문에 요정들이 '겁에 질려' 도망치곤 했다. 판은 술을 마시면
서 그리고 자신이 만들어 낸 피리를 불면서 마음을 달랬다.


## 디오니소스제전


　디오니소스는 술과 양근(陽根)을 주재하는 신으로서 그리스 전사(戰
士)에게 숭상받은 신이기도 하다. 조르주 바타유는 디오니소스는 금
기(禁忌)를 하는 신으로 언급했다. 성의 난행(亂行), 통음난무(痛飮亂舞)
는 그리스에 있어서 항상 금지되어 있는 습관이었는데 디오니소스제

(祭) 때만은 허용되었다. 술은 남자에게 있어선 호색(好色)의 감정을 일으키고 여자에게 있어선 광기를 마련하는 것으로 되어 있다. 디오니소스는 오색과 광기를 허용하는 남성원리의 상징이며, 욕망에 사로잡혀 생명을 낭비하는 파괴적인 인간의 원형이라 할 수 있다. 디오니소스는 성 쾌락의 주신이며 육체를 찬미하는 원리의 신이다. 넘치는 생명력을 성적 욕망으로 폭발, 확산시킨다.

디오니소스의 신하인 프라이포스(男根神)와 포느(半獸神)는 둘 다 농작물의 번식을 주재함과 동시에 성욕을 돌보는 신이다. 풍작과 성애를 똑같은 신의 책임으로 돌린 그리스 신화의 지혜는 인생에 대한 기막힌 통찰이라 하겠다. 특히 디오니소스에게 바치는 제사는 그리스의 수많은 제사 가운데서도 가장 성대하고 거국적인 것이었다. 스토아학파의 창시자 헤라클레이토스는 디오니소스를 다음과 같이 평했다.

> 행렬을 짓고 남근 숭배와 노래를 부르고 하는 것이 디오니소스를 위한다는 구실이 없었더라면 모두들 음탕한 행동이라고 비난했을 것이며, 그런 비난을 받을 만도 하다. 그러나 디오니소스에게 찬가를 올리기 위한 것이라면 비난은커녕 같이 즐길 수 있는 행사이다.

이와 같이 디오니소스의 제사 동안엔 난교(亂交)도 비난의 대상이 안 되며, 술에 취해서 저지른 실수도 죄가 되지 않았다. 비극과 희극이 실외에서 공연되는 것도 디오니소스제가 진행될 동안이었다. 비극은 헤로도토스가 말한 바와 같이 디오니소스의 수난극이다. 그리스의 희극은 디오니소스에의 찬가(讚歌)를 위한 연극으로서, 육체적 욕망과 정념을 상상으로써 해방할 뿐 아니라 현실적으로 실천할 것을 장려하기 위한 마음의 표현이었다. 이것은 번식이라는 우주적 목적을 수행하기 위한 암묵적인 장려라 할 수도 있다.

그리스의 희극이 호색적이며 아무런 거리낌 없이 그 호색적 연기를 당당하게 공연한 것은 그것이 바로 디오니소스에의 찬가였기 때문이다. 아리스토파네스의 희극에 『아카르나이 사람들』이라는 것이 있다. 이것은 디오니소스제의 양물행렬(陽物行列) 장면을 그린 것인데 줄거리는 다음과 같다. 처음에 거대한 남자 성기를 들고 두 사람의 노예가 행렬의 선두에 선다. 그 뒤에 성즙(聖汁)을 담은 바구니를 운반하는 처녀들이 뒤따른다. 그리고 파르카(남근찬가)를 부르며 행진한다.

오오, 바커스여
바커스의 위대한 팔루스(Phallus)여!
나는 주신(酒神)의 친구, 어두운 밤의 탕아.
정부이며 남색의 선수여
6년 만에 고향에 돌아왔고녀
그의 이름은 듣기만 해도
마음이 떨린다.
이왕 화평(和平)이 된 마당엔 전쟁은
다시 있어선 안 될 것
전쟁을 즐기는 마라코스는 싫다.
기막히고 신나게 좋은 건 그대의
팔루스, 팔루스

　이런 양근 숭배의 노래를 디오니소스제에서 불러서 관중들의 환호와 갈채를 받았다. 디오니소스제는 고대 로마에서 또는 16세기에 있어서도 서민적인 제사로서 유행되었는데 기독교의 금지로 오늘날까지 사육제(謝肉祭)로 변모하여 서구사회에서 유행하고 있다.

## 아폴론적인 인간과 디오니소스적 인간

　이 지구상에 존재하는 어떤 사람도 다른 사람과 '똑같을' 수는 없다. 저마다 다른 역사, 다른 성격, 다른 생김새를 지니고 있다. 그래서 우리는 흔히 "사람은 하나의 작은 우주이다"라고 말한다. 그런데 우리 주위의 수많은 '작은 우주들'을 살펴보면 똑같지는 않을지언정 비슷하게 닮은꼴들이 많다는 걸 알 수 있다. 이를테면 운행법칙이 서로 흡사한 우주들이 있는 것이다. 그래서인지 사람들은 기질과 개성에 따라 몇 가지 유형으로 나누어 이해하고자 하는 시도가 먼 옛날부터 있어 왔다.

　고대 그리스의 의사였던 히포크라테스는 인간의 몸 안에 있는 네 가지 액체에 근거를 두고 사람의 성격을 괄괄하고 변화무쌍한 다혈질, 까다로우면서 변덕이 심한 담즙질, 근심·걱정이 많고 비사교적인 흑담즙질, 생각이 깊고 침착·냉정한 점액질의 네 가지로 분류하였다.

저명한 사회심리학자 에리히 프롬은 사람의 성격을 크게 생산적 성격과 비생산적 성격으로 나누고 비생산적 성격을 다시 수용지향형, 착취지향형, 저장지향형, 시장지향형으로 세분하였다. 햄릿형과 돈키호테형, 외향형과 내향형처럼 우리가 일상에서 자주 쓰는 이분법도 있다. 심지어 누군가와 사랑에 빠졌을 때 살이 찌는 형인지 마르는 형인지로 개성을 가늠하는 경우도 있다.

사람들을 이렇게 몇 가지 유형으로 나누어 판단하는 방식은 지나치게 단순하다는 약점은 있지만, 어떤 사람의 개성을 한마디로 압축해 주는 묘미가 있다. 그 가운데 하나로 '아폴론형'과 '디오니소스형'으로 사람을 나누는 방식이 있다.

아폴론은 태양의 신이며 디오니소스는 술의 신이다. '아폴론적'이라는 말은 빛 또는 태양에서 연상되는 이미지의 집합체이고, '디오니소스적'이라는 말은 술에서 연상되는 이미지의 집합체로 이해하면 쉬울 것이다. 균형·조화·절제·질서·이성·지식·평온함이 아폴론적인 이미지라면 도취·극단성·무질서·본능·광란·환상·열광은 디오니소스적인 이미지이다.

아폴론의 세계는 '이성'이 지배하는 세계요, 디오니소스의 세계는 '광기'가 지배하는 세계이다. 아폴론과 디오니소스를 이처럼 극단적인 대립 항으로 놓고 설명한 사람은 독일의 철학자 니체였다. 니체는 1872년에 그리스 비극의 근원을 논한 『비극의 탄생』이라는 책을 출간하였다.

그는 이 책에서 그리스 예술이 대립되는 두 가지의 예술적 충동에서 말미암은 것이라고 설명했다. 하나는 그리스의 조형예술, 즉 조각과 회화에서 대표적으로 잘 드러나는 밝고 명랑한 아폴론적 정신이며 다른 하나는 음악으로 대표되는 본능적이고 야성적인 충동, 바로 디오니소스적 정신이다.

니체는 아폴론적인 것과 디오니소스적인 것의 갈등과 결합에 의해서 문화가 발생하며 그리스의 비극은 양자가 행복하게 결합한 상태에서 나온 최고의 걸작이라고 평가했다.

디오니소스적 인간은 존재의 일상적인 범위와 한계를 완전히 파괴함으로써 존재의 가치를 추구한다. 니체의 표현을 빌리면 그들은 "극단으로 가는 길은 지혜의 궁전에 이른다"고 믿는다. 반면에 아폴론적 인간은 어떠한 경우에도 중용을 지킨다. 심지어 정열적으로 춤을 추고 있는 동안에도 "자기 자신을 지키고 시민으로서의 명예를 잊지 않는" 유형이다.

디오니소스적인 정신이 아폴론적인 아름다운 형식으로 표현된 것이 바로 그리스 비극이다. 니체는 비극의 근원을 디오니소스적 정신에서 찾음으로써 아폴론의 이성(理性)보다는 디오니소스의 광기(狂氣)

를 더 높이 평가했으며, 근대에 들어와서는 합리주의, 낙관주의 때문
에 디오니소스적 정신이 사라졌음을 애통해했다.

# 제7장
## 피그말리온과 아프로디테

# 피그말리온과 인간심리

　　피그말리온은 여자의 결점을 너무도 많이 보아 왔기 때문에 마침내 여성을 혐오하게 되었다. 그래서 그는 한평생 독신으로 지내기로 결심하였다. 피그말리온은 조각가였다. 그는 상아로 입상을 조각하게 되었는데 작품의 정교함과 아름다움은 아무도 따를 수 없을 정도였다. 그것은 마치 살아 있는 처녀가 수줍어하는 모습 그대로였다. 그의 조각 솜씨는 완벽하였기 때문에 그 작품은 사람의 손으로 된 것이 아니라 자연이 만든 것처럼 보였다. 피그말리온은 자신의 작품에 감탄한 나머지 자연의 창조물같이 보이는 자신의 작품과 사랑에 빠졌다. 그는 그것이 살아 있는지 아닌지를 확인이라도 하려는 듯이 종종 조각 위에 손을 대 보기도 했다. 손을 대 보아 차가움이 느껴져도 그는 그것이 상아라고 믿어지지 않았다. 그는 상아를 포옹하였다. 그리고 소녀가 좋아할 만한 것들―반짝이는 조개껍질이나 반들반들한 돌, 귀여운 새, 갖가지 꽃과 구슬, 호박 등―을 선물로 주었다. 그리고 조각에 옷을 입히고 손가락에 보석 반지를 끼워 주고 목걸이와 귀고리까지 걸어 주었다. 그리고 마지막으로 가슴에는 진주를 꿴 끈을 달아 주었다. 옷은 잘 어울렸고, 옷맵시는 옷을 입지 않았을 때나 다름없이 매력이 있었다. 그는 그녀를 티로스 지방에서 나는 염료로 물들인 클로드를 깐 소파 위에 눕히고 아내라고 불렀다. 그러고는 가장 보드라운 새털을 넣어 만든 베개 위에 그녀의 머리를 누였다. 새털의 보드라움을 그녀가 마음껏 즐길 수 있기라도 한 듯이.

아프로디테의 제전이 다가왔다. 이 제전은 키프로스 섬에서 굉장히 호화롭게 거행되었다. 희생물이 받쳐지고 제단에는 연기가 올랐으며 향내가 창공을 가득 메웠다. 피그말리온은 이 제전에서 자기의 임무를 다하고 난 뒤 제단 앞에 서서 머뭇거리며 말하였다. "오, 신이시여! 원컨대 나에게 나의 상아 처녀와 같은 여인―그는 '나의 상아 처녀'라는 말은 감히 하지 못하였다―을 아내로 점지하여 주십시오." 제전에 참가하였던 아프로디테는 그의 말을 듣고 그가 말하려고 한 참뜻을 눈치 챘다. 그리고 그의 소원을 들어주겠다는 표시로 제단에 있는 불꽃이 공중으로 세 번 튀어 오르게 하였다.

집으로 돌아온 피그말리온은 조각을 보러 갔다. 그는 소파에 기대어 조각의 입술에 키스하였다. 조각의 입술에서 온기가 느껴졌다. 놀란 그는 다시 조각의 입술에 키스하고 조각의 팔다리에 자신의 손을 대 보았다. 손에서는 부드러움이 느껴졌고, 손가락으로 눌러 보니 히메투스산 밀초처럼 들어갔다. 피그말리온은 믿을 수가 없었지만 한편으로는 기쁘기도 했다. 무언가 잘못된 것이 아닐까 근심하면서 서 있을 동안, 사랑하는 사람의 열정으로 여러 번 그의 희망의 대상을 어루만졌다. 확실히 조각은 살아 있었다. 혈관은 손가락으로 누르면 들어가고 손을 떼면 다시 원상태로 되었다. 피그말리온은 그때서야 숭배자인 여신 아프로디테에게 감사를 드렸다. 그리고 자신의 입술처럼 온기가 있는 처녀의 입술에 키스했다. 처녀는 얼굴을 붉혔다. 그리고 수줍은 듯한 눈을 뜨고 연인을 바라보았다. 아프로디테는 자기가 맺어 준 두 사람의 결혼을 축복하였다. 두 사람 사이에서 아들 파포스가 태어났는데, 아프로디테에게 봉헌된 같은 이름의 도시는 바로 이 아들의 이름을 딴 것이다.


## 피그말리온 효과(Pygmalion Effect)


어느 초등학교에서 교사에게 "어린이 지능향상을 예측할 수 있는 새로운 테스트입니다(사실은 거짓말)”라고 설명을 해 놓고 검사를 실시했다. 그 후 2할 정도의 아이를 뽑아 놓고 “이 애들은 앞으로 지적 발달이나 학업이 틀림없이 급상승할 것입니다”라고 선생에게 결과보고를 해 주었다. 8개월쯤 후에 과거에 했던 것과 똑같은 지능 테스트를 하여 전번의 지능 테스트 결과와 비교해 보았다. 그랬더니 앞으로 잘할 것이라고 교사에게 기대를 품게 했던 아이들의 IQ가 다른 아이들의 IQ에 비하여 현저하게 향상되고 있다는 것이다. 이것은 ‘로젠탈’이라는 미국의 심리학자팀이 실험해 본 결과인데 여기에서 나타난 현상을 ‘피그말리온 효과’라고 불렀다. 즉 급상승하리라고 예고해 놓은 아이들(20%)을 신뢰하고 기대한 교사는 중도에서 지도를 포기하지 않았으며 또 아이들도 그와 같은 교사의 기대나 마음가짐에 대하여 민감하게 반응을 보였다는 것이다. 이에 따라서 아이들은 각각 다음과 같은 인지의 차이가 생겼으리라고 추측할 수 있다. ‘선생님은 나를 잘하는 애라고 생각하고 있는 모양이야’, ‘선생님은 나를 잘 못하는 애라고 생각하고 있는 모양이야’라는 각기 다른 인지를 형성하게 되는 것이다.

이와 같은 것은 ‘교사-학생’ 사이만의 문제가 아니다. 아마도 가정에서는 ‘부모-어린이’, 회사에서는 ‘상사-부하’ 사이에 있을 수 있는 심리적 메커니즘일 것이다. 약 30년 전에 출판되어 전 세계 교육계에 큰 반응을 보인 『교실의 피그말리온(*Pygmalion in the classroom*)』이라는 이 책은 『피그말리온 효과』라는 제목으로 한국에 소개된 바

있다. '기대와 칭찬의 힘'이라는 부제가 붙어 있는 이 책은 교사의 기대심리가 학생의 능력에 어느 정도 영향을 미치는가를 밝혀 준 책이다. 교사가 학생을 억압하지 않고 학생을 긍정적으로 평가하고 칭찬해 주면 그 칭찬은 고래도 춤추게 한다는 것이다. 일명 플레시보 효과(Placebo Effect)라고도 하는데 스스로 돌아보아 희망과 기대를 버리지 않을 경우에 나타나는 효과를 말한다.


## 아프로디테와 올림프스 스캔들


아프로디테는 제우스의 딸이고 어머니는 없다. 그녀는 오직 아버지의 뜻에 따라 대서양의 거품으로부터 잉태되었기 때문이다. 어느 아름다운 봄날 아침, 올림프스의 신들이 신성한 산의 발치께까지 드리워진 해변에서 일광욕을 즐기고 있을 때, 급류에 떠밀려 온 바닷가의 소라고둥 하나가 그녀를 바닷가에 부드럽게 눕혀 놓았다. 그녀는 기다란 금발에 크고 푸른 눈, 장밋빛 피부와 반짝이는 하얀 치아를 가진 놀랍도록 아름다운 모습이었다. 날씬하면서도 알맞게 살이 붙은 몸에는 고혹적인 향기를 발하는 향수가 가볍게 드리워졌을 뿐, 옷이라고는 아무것도 걸치지 않았다. 그녀는 자신이 총애하는 비둘기 한 마리를 데리고 있었다. 아프로디테의 도착은 신들 세계에 동요를 불러일으켰다. 모든 신들이 자기 아내들은 소홀히 한 채 그녀를 올림프스에 초대하려고 앞을 다투었기 때문이었다. 질투심으로 얼굴이 새하얘진 여신들은 그녀에게서 어떤 결점, 비판의 대상이 될 만한 아주 조그마한 결점이라도 찾아내려 했지만 헛일이었다. 헤라의 탄원으로 제우스는 신들의 마음을 가라앉히기 위해 아프로디테에게 옷을 입을 것을 명령했고 아프로디테는 무릎까지 내려오는 긴 속옷을 입었다. 헤파이스토스는 그녀를 위해 황금과 보석으로 만든 마술 벨트를 하나 만들어 주었는데, 그 벨트를 차면 누구도 저항할 수 없는 매력을 발산할 수 있었다. 애써 상대방의 사랑을 불러일으키려는 수고를 덜어 준 이 황홀한 선물에 대한 감사의 표시로 아프로디테는 헤파이스토스의 모든 청을 들어주겠다는 경솔한 약속을 '스틱스 강'에 대고 맹세했다. 헤파이스토스는 즉각 "내 아내가 되어 달라"고 했고 아프로디테는 거절할 수 없었다. 앞서 말했던 수단들을 동원하여 제우스와 헤라로부터 결혼 승낙을 얻어 낸 헤파이스토스는 즉각 성대한 결혼식을 올렸고, 신혼부부는 키클롭스들의 도움으로 지어진 궁전에 자리를 잡았다. 호화로운 궁전과 무엇이든 거절하지 않고 온갖 선물을 해 주는 남편에도 불구하고 그녀는 금세 헤파이스토스에게 싫증이 났다. 억척스러운 일꾼이던 헤파이스토스는 아침 다섯 시면 일어나 대장간으로 나갔고 수없이 밀려 들어오는 신들의 주문품을 만들어

내느라 그리고 다급한 고장과 수리를 처리하느라 온종일을 공장에서 보냈다. 그리고 피곤에 지친 더러운 몸으로, 게다가 과로로 기분까지 나빠져서 자정이 넘어서야 집으로 돌아오곤 했다. 이것은 아프로디테처럼 아름다운 여자에게 어울리는 삶이 아니었다. 더욱이 그녀는 고독을 좋아하지도 않았다. 일어날 일은 일어나게 마련이었고, 그녀는 애인들을 갖게 되었다.

아프로디테의 첫 번째 애인 아도니스는 평범한 인간이었지만 아마도 인간 세상에서 나올 수 있는 가장 아름다운 남자였을 것이다. 키프로스 왕의 아들인 그는 대단한 유혹자이면서 동시에 탁월한 사냥꾼이었다. 아프로디테가 그를 만나 반해 버렸을 때 그의 나이 겨우 스물이었다. 그리하여 아도니스는 몇 달인가를 몹시 고단하게 보내야 했다. 밤이면 아프로디테의 두 팔에 안겨 거의 잠을 자지 못했고, 낮이면 쉬는 대신 사냥을 나갔다. 그에게 닥친 비극적인 사고도 아마 이러한 누적된 피로 때문이었을 것이다. 어느 날 아도니스는 상처를 입은 채 도망가던 멧돼지를 추격하고 있었는데, 멧돼지가 갑자기 몸을 돌려 그를 덮쳐 와 대퇴부 동맥을 끊어 버린 것이다. 아도니스는 순식간에 피를 쏟아내며 그 자리에서 절명하고 말았다. 늦게야 도착한 아프로디테는 땅 위에 떨어진 아도니스의 피 몇 방울을 봄철에 잠깐 피는 매혹적인 꽃인 아네모네로 변하게 했다. 그러나 아도니스의 모험은 그것으로 끝나지 않았다. 일단 죽고 나자 황천으로 내려갔는데, 거기에는 아프로디테가 헤파이스토스를 지겨워한 것에 못지않게 남편인 하데스를 지루하게 여기던 페르세포네가 살고 있었던 것이다. 그리하여 사랑의 여신의 정부였던 아도니스가 이번에는 죽음의 여신의 정부가 되었다. 그러한 사실을 알게 된 아프로디테는 분개했다. 그녀는 제우스에게 아도니스를 돌려 달라고 요청했고, 페르세포네는 자기가 가져야 한다고 주장했다. 제우스는 어찌해야 했을까? 나중에 이와 동일한 상황에 빠졌던 솔로몬 왕처럼 분쟁의 대상이 된 아도니스의 육체를 두 쪽으로 절단해야 하는가? 제우스는 좋은 꾀를 생각해냈다. 아도니스의 몸은 그대로 놔두되, 1년 중 6개월은 아프로디테와 그리고 나머지 6개월은 페르세포네와 지내도록 명령을 내린 것이다.

반면 아프로디테는 아도니스가 황천에 내려가 있는 여섯 달이라는 많은 시간을 한가로이 보내야 했다. 보통 여자라면 이 시간을 메우기 위해 또 한 명의 정부를 만들었을 것이다. 하지만 그녀는 아프로디테였던지라 대번에 2명이나 되는 정부를 맞아들였는데, 아폴론과 아레스가 바로 그들이었다. 이러한 이중의 관계는 2명의 정부가 서로 다르면서도 상호 보완적인 일과표를 갖고 있었기에 가능했다. 하루 종일 태양 마차를 몰아야 했던 아폴론은 밤이 되어서야 아프로디테를 만나러 갈 자유의 몸이 되었다. 그러나 아레스는 모든 군인들이 그렇듯이 평화 시에는 별로 할 일도 없었기 때문에 낮 시간을 그녀와 보낼 수 있었다. 때문에 두 신은 자신이 경쟁자를 갖고 있다는 사실을 전혀 의심하지 않았다. 남편인 헤파이스토스는 언제나 일이 넘쳐났기 때문에 아무것도 몰랐다. 단지 그는 얼마 전부터 아프로디테가 자신이 일을 너무 많이 한다고 비난하지도 않고, 매일 밤늦게 집에 돌아올 때마다 상냥하고 기분 좋게 맞이한다는 사실에 놀랐을 뿐이다. 이 네 사람의 관계는, 어느 날인가 아프로디테 곁에서 선잠이 들어 버린 아레스가 떠날 시간을 놓치지 않았더라면 좀 더 오래 지속될 수 있었을 것이다. 하늘을 한 바퀴 돌고 난 아폴론은 마차를 챙겨 놓고 매일 약속 장소로 은밀히 찾아갔다. 아프로디테 곁에서 잠들어 있는 아레스를 본 아폴론은 피가 거꾸로 돌 정도로 충격을 받았다. 복수심에 불탄 아폴론은 헤파이스토스를 찾아가 그의 아내가 부정한 짓을 했음을 고자질했다. 헤파이스토스는 당장에서 아주 촘촘하게 짜인 철제 그물을 만들어 가지고 자신의 궁전으로 몰래 돌아와 발가벗은 채 잠들어 있는 아프로디테와 아레스에게 덮어씌웠고, 그들은 마술 걸린 그물 속의 포로가 되었다. 헤파이스토스는 그들을 이러한 굴욕적인 상태로 올림프스까지 끌고 가서 모든 신들의 비난과 조롱 앞에 내던졌다. 아프로디테의 탄원과 아레스의 눈물에도 불구하고 헤파이스토스는 완고히 그들을 풀어 주지 않았다. 다행히도 날렵한 손가락과 깊이 있는 지성을 갖춘 여신 하나가 그들을 동정했다. 게다가 그녀는 매듭의 발명자였다. 몇 시간의 작업 끝에 그녀는 그물의 비밀을 발견해 내어 풀어낼 수 있었다. 이 여신이 바로 아테나였다.

# 제8장
## 자기만의 공간을 가진 여신들

# 달의 여신 아르테미스

아르테미스는 사냥과 달의 여신이다. 훤칠한 키에 아름다운 얼굴의 그녀는 짧은 가운을 입고 어깨에는 은빛 활과 화살 통을 메고서 수많은 요정들과 사냥개를 이끌고 산과 들을 질주하는 모습으로 그려진다. 야생의 삶을 대표하는 그녀의 특성은 여러 동물로 비유되는데, 사슴·토끼는 붙잡기 어려운 성질을, 암사자는 사냥꾼으로서의 용맹과 위엄을, 멧돼지는 파괴적이고 잔인한 성향을 표상한다.

그녀는 제우스와 레토 사이에서 아폴론과 함께 쌍둥이로 태어났다. 태어나자마자 어머니가 동생 아폴론을 낳는 걸 도왔을 만큼 어머니에게 늘 지극했다. 또한 힘없는 여성들이나 어린이들, 특히 소녀들을 잘 보호했다. 여성들 모두에 대해서 특별한 자매애를 발휘한 여신이라 할 수 있다. 그런데 그녀는 자신에게 도움을 청하는 사람들을 재빠르고도 단호하게 구해 준 반면, 자신을 모욕하거나 배반하는 사람들에게는 더없이 가혹했다. 어머니를 비웃은 니오베의 자식들을 모두 죽여 버린다든지, 우연히 자신이 목욕하는 장면을 훔쳐보게 된 악타이온을 사냥개를 시켜 갈기갈기 찢어 죽인 이야기는 그녀의 파괴성을 잘 보여 준다.

아르테미스는 한마디로 자신이 원하는 곳, 황야에서 자신이 원하는 요정들과 함께 사냥을 하며 자유롭게 살았던 여신이다. 아르테미스 원형의 지배를 받는 여성들의 특성도 그와 같다. 아르테미스형 여성들은 자신이 중요하다고 생각하는 일이면 누가 뭐라고 하든 굽힘 없이 밀고 나간다. 마치 목표물을 향해 정확히 화살을 날리는 아르테미스처럼, 그들은 자신이 목표하는 바를 향해 온몸을 던진다. 또 이 유형의 여성들은 남성과의 이상적 사랑보다는 형제애, 자매애에 더 끌린다. 집중력과 성취력, 자율성과 독립심, 힘없는 여성에 대한 특별한 자매애가 아르테미스형 여성들의 장점이라면, 그들의 단점은 자신이 괴로워하기보다는 다른 사람들을 고통스럽게 한다는 것이다. '가까이하기 어려운'이라는 관용구가 붙어 다닐 만큼 아르테미스형 여성은 부드러우면서도 내면에는 무서운 잔인함과 살기가 있는 여성으로 피도 눈물도 없이 자신의 권리를 주장하는 여성이다. 자신의 목표에만 열중하고 주변 사람들의 감정이나 처지에 대해선 무관심하기 때문인데, 그 결과 주변 사람들은 자신이 그녀에게 별로 의미 있는 존재가 아니라고 느낌으로써 마음에 상처를 입게 된다. 또 자신을 얕 보거나 자신이 중요하게 생각하는 일을 존중해 주지 않으면 마치 아 르테미스가 니오베나 악타이온을 벌할 때처럼 파괴적이고 격렬한 반 응을 보이는 것도 이 유형의 여성들이 가진 문제점이다.

볼린은 이런 여성들을 자기 자신을 찾고 자신의 문제에 열중하는 페미니스트들, 여성들의 필요에 따라 세워진 여성들만의 집단을 예로 들었다. 이를테면 성폭행을 당하거나 매 맞는 여성을 위한 보호소 같 은 단체에서 일하는 여성들 그리고 고집 세고 이기심 많은 개인주의 자 등이다.


## 지혜의 여신 아테나


전쟁의 여신이자 지혜와 공예의 여신인 아테나는 몸에는 금빛 갑 옷을 걸치고 한 손에는 창을, 다른 한 손에는 방패를 든 아름다운 무 사의 모습을 하고 있다. 그녀는 전쟁 때는 전략을 짜고, 평화 시에는 여러 가지 기술들을 관장하였다(그녀가 관여하는 전쟁은 '정의의 전쟁'으로서 아레스가 관장하는 폭력적인 전쟁과는 구별된다). 세상사의 이치를 꿰뚫어 보는 듯한 커다란 눈을 가진 부엉이가 그녀의 신조(神鳥)이다. 아테나는 흔히 '아버지의 딸'로 불리는데, 탄생 신화부터가 그러하다. 여신 메티스가 장차 자신의 왕좌를 찬탈할 아들을 낳게 되리라는 걸 안 제우스는 그녀를 통째로 집어삼켜 버렸는데, 아테나는 그 직후에 예의 완전 무장한 성인(成人)의 모습으로 제우스의 머리에서 태어났다고 전해진다. 아테나는 자신에겐 어머니가 없다고 생각했으며 어떤 경우에도 제우스의 편에 섰다. 그래서 제우스도 자신의 상징물인 천둥과 방패를 아테나에게 맡길 정도로 그녀를 총애하였다. 또 그녀는 헤라클레스·오디세우스·아킬레스 같은 뭇 영웅들의 수호신으로서 그들이 위기에 봉착할 때마다 살뜰히 보살폈으며, 아버지 제우스의 외도를 비웃은 아라크네를 거미로 만들어 버렸다. '아버지의 딸'이라는 수식구는 권위와 책임감, 권력을 갖춘 강력한 남성에게 끌리는 아테나의 이러한 성향을 집약해 주고 있는 표현이다.

아버지 제우스가 가장 사랑하던 딸인 아테나는 헤파이스토스가 제우스의 이마를 도끼로 내리치면서 제우스의 이마에서 완전 무장한 아테나가 태어나게 된다. 태어날 때부터 무장을 하고 태어난 아테나는 싸움을 아주 즐기는 여신―이 압도적인 이미지가 아테나의 특성을 그대로 웅변해 주고 있는 바, 그녀는 합리적인 사고방식을 중히여기며 본능과 감성보다는 의지와 이성에 기댄다. 그녀는 아르테미스와는 대조적으로 야생은 길들여져야 한다고 여긴다. 한마디로 도시적이다. 또 제우스로 상징되는 기존의 가치 체계, 가부장제를 옹호한다. 아테나 원형이 활성화되어 있는 여성들은 대개 건강하고 활동적이며, 심리적인 갈등을 별로 겪지 않는다. 그들은 유행에 민감한 디자인보다는 실용적이고 오래가는, 유행을 타지 않는 옷을 즐겨 입는 모범생 타입으로서, 심리 구조도 그와 유사하다. 그들은 가슴보다는 머리로 움직인다. 감정이 격앙된 상황이나 치열한 경쟁의 외중에서도 감정에 휩쓸리지 않고 사태의 진전을 관찰하고 분석하면서 지혜로운 해결책을 찾아낸다. 또한 '아버지의 딸'답게 남성들과 우호적인 관계를 유지하며, 기존의 가치를 받아들이고 그 안에서 행동한다. 따라서 정치적으로 보수적이며 변화를 싫어한다. 이성과 절제, 중용적 지혜가 아테나 여성들의 가장 큰 장점이지만, 그것은 뒤집어 보면 열정, 다정함, 풍부한 감성이 결핍되어 있다는 이야기이기도 하다. 그리고 아마도 그들의 가장 큰 문제는 '메두사 효과'일 것이다. 메두사는 머리카락 한 올 한 올이 모두 뱀으로 된 무시무시한 괴물인데, 아테나의 방패 위에는 그녀가 지닌 힘의 상징으로 메두사의 얼굴이 그려져 있다. 메두사의 얼굴을 본 사람은 공포에 질려 단번에 돌처럼 굳어 버린다고 한다. 아테나 여성은 주변의 다른 사람들을 긴장시킴으로써 그들이 지닌 창의력, 생명력을 앗아가 버린다. 문제를 해부하고 비판하는 태도를 지닌 까닭에 의도적은 아니라 하더라도 범접 못 할 단단함과 권

위로 상대방을 얼어붙게 해 버리는 것이다. 또 아테나 여성들은 자신의 관심을 끄는 문제가 아닌 한 다른 사람들이 중요하게 여기는 문제를 이해하지 못하며, 어떠한 종류의 나약함에 대해서도 참을 수 없어한다. 그런데 스스로는 자신의 그런 부정적인 영향력을 의식하지 못한다. 그녀로선 단지 자신에게 주어진 일을 잘하려는 것일 뿐이기 때문이다. 이런 유형의 여성은 전략적 사고와 정치적 수완이 요구되는 경영, 정치, 외교 등 전통적으로 남성의 영역이라고 여겨지는 분야에서 남성과 마찬가지의 능력을 발휘하는 여성들에게서 많이 발견된다.


## 화로의 수호신 헤스티아


헤스티아는 화로의 수호신이다. 더 정확히 말하면 가정이나 신전의 둥근 화로에서 타오르고 있는 불길의 여신이다. 크로노스와 레아의 첫 아이로서 그리스인들은 헤스티아에게 제일 먼저 기도하고 제물을 바쳤다. 헤스티아는 올림프스 신들 가운데서 가장 알려지지 않은 신이다. 그녀를 주인공으로 한 신화도 거의 없다. 호머의 시에 세 번 등장하는 것이 전부인데 '고결한 처녀', 아프로디테의 힘으로도 성적 욕망을 일깨울 수 없는 존재, 유혹하거나 설득하거나 정복할 수 없는 여신으로 묘사되어 있다. 그래서인지 올림프스의 다른 신들과는 달리 어떤 조각가나 화가를 통해서도 그 모습이 그려진 적이 없다. 헤스티아는 제우스의 부모인 레아와 크로노스 사이에서 태어난 맏딸이므로, 제우스에겐 누나이고 다음 세대의 여신들에겐 고모가 된다. 그녀는 올림프스의 신들이 벌이는 음모와 경쟁, 시끌벅적한 소동에서 멀리 떨어져 있었으며, 아폴론과 포세이돈의 구애도 거절하고 혼자 살았다.

헤스티아는 집안과 신전의 화로에서 타고 있는 불길로 상징된다. 불이 그 온기와 빛으로 가족과 사회 공동체 구성원들을 하나로 따뜻하게 묶어 주듯이, 헤스티아가 하는 역할도 그러하다. 아르테미스와 아테나가 외향적이라면, 헤스티아는 내성적이다. 고운 마음씨와 단정한 외모를 지녔음에도 어찌 된 일인지 배필을 구하지 못하고 혼자 사는, 없는 듯하면서 집안 구석구석에 손길이 미치는 조용한 노처녀 고모―이것이 헤스티아의 이미지이다.

헤스티아 원형의 지배를 받는 여성들은 조용한 성품을 지녔으며, 자기 주변에 언제나 따뜻하고 평화로운 분위기를 만들어 내고, 평온하게 고독을 즐긴다. 이런 유형의 여성은 집안 살림을 정갈하고 섬세하게 잘해 내는 여성들이나 수녀 같은 종교인들 중에 많다. 그들은 빨래를 하고 난장판이 된 집안을 치우면서도 그 일에 진심으로 열중하며 거기서 평온함을 느낀다. 수도원에 들어가는 여성들이 전형적인 헤스티아 여성의 삶을 잘 보여 준다. 수도원에 들어가면 자신의 이름은 더 이상 불리지 않는다. 자아를 없애려 노력하며, 남들과 똑같은 옷을 입고, 순결한 삶을 산다. 헤스티아 여성들의 이런 특징은 자칫 그들을 수동적이고 의존적인 여성으로 보이게 할는지 모른다. 하지만 그들은 무게중심이 분명하게 자기 자신 속에 있다는 점에서 의존적인 여성과는 엄격히 구별된다. 그들이 집안일을 좋아하는 것은 남편이나 다른 누구를 위해서가 아니다. 자신이 그 속에서 안정감과 평온함을 얻기 때문일 뿐이다. 헤스티아 여성들의 가장 큰 약점은 자신의 이미지가 없고, 자신의 감정을 직접적으로 표현하지 못하며, 자기주장을 펼 줄 모른다는 데 있다. 그렇기 때문에 눈에 보이는 성공 여부로 사람을 평가하는 이들에게 우습게 보이거나 과소평가를 당하기 쉽다. 그들은 야심과 추진력이 부족하기 때문에 활동적이고 경쟁적인 일터에는 적응하지 못한다. 하지만 사진작가나 보모처럼 고요함과 인내심이 요구되는 직업에서는 뛰어난 능력을 발휘한다.

개성과 장단점은 각각 다르지만, 처녀 여신들 셋은 다른 두 여신그룹과 구별되는 뚜렷한 공통점을 가지고 있다. 바로 자기 자신 속에 무너지지 않을 무게중심을 두고 있다는 것이다. 버지니아 울프는 『자기만의 방』에서 여성이 자신의 권리를 찾기 위해서는 두 가지가 필요하다고 주장했다. 하나는 경제적 독립이며 또 다른 하나는 혼자만의 시간을 가질 수 있는 자기만의 방이다. 아르테미스, 아테나, 헤스티아는 누구도 함부로 침범할 수 없는 자기만의 공간을 가지고 산 여신들이었다. 이 세 여신들은 남신들이나 남성들에게 굴욕을 당하거나, 강간을 당하거나, 멸시받은 적이 없었다. 이 유형의 여성들은 자기만으로 온전한 하나가 된다. 그들은 무슨 일을 하든 인정받기 위하여 하지 않는다. 자신이 소중하게 생각하는 가치 기준에 따라 행동하고, 자신에게 의미 있는 것들을 위해 살아간다. 그들은 남성 중심적인 사회가 강요하는 규범으로부터 가장 멀리 떨어져 있고, 그들은 홀로 우뚝 서 있다. 그들은 자기 자신이기 때문이다.

볼린은 자신 속에 살고 있는 여신들을 자신의 요구에 맞추어 불러내라고 권유한다. 남성 우월주의와 가부장제 문화 속에서 자신을 죽이며 살기를 강요당하는 우리 사회의 여성들이 가장 열렬하게, 가장 간절하게 불러내야 할 여신이 바로 이 세 처녀 여신들이 아닌가 싶다.

# 제9장
## 헤라클레스와 그의 과업

# 헤라클레스

　헤라클레스는 제우스와 알크메네 사이에서 태어난 아들이었다. 헤라는 질투심이 강한 여신이었다. 그래서 남편 제우스와 인간 사이에서 태어난 자녀들에게 늘 적의를 품고 있었다. 헤라클레스에 대해서도 물론 마찬가지였다. 그녀는 헤라클레스가 요람에 누워 있는 아기였을 때 그를 죽이려고 두 마리의 뱀을 보낸 적이 있었다. 그러나 남보다 힘이 세고 조숙했던 헤라클레스는 맨손으로 뱀을 죽였다. 하지만 결국 헤라클레스는 헤라의 계략에 의해 에우리스테우스의 부하가 되어 그의 명령을 따르도록 하였다. 에우리스테우스는 달성할 가망성이 전혀 없는 무모한 모험을 그에게 지시했는데 이 모험들은 '헤라클레스의 열두 가지의 노역'이라고 불린다.

그 첫 번째 노역은 이른바 네메아라는 사자와의 싸움이었다. 네메아의 계곡에는 무서운 사자가 횡행하여 많은 피해를 입혔다. 에우리스테우스는 헤라클레스에게 이 사자의 가죽을 가져오라고 명령하였다. 그래서 헤라클레스는 곤봉과 화살을 가지고 사자를 죽이려고 하였으나 잘 되지 않자 맨손으로 때려잡았다. 그는 죽은 사자를 어깨에 메고 돌아왔다. 그 광경을 보고 헤라클레스의 굉장한 힘에 놀란 에우리스테우스는 공적을 보고할 때는 성문 밖에서 하라고 명하였다.

두 번째의 일은 물뱀인 히드라를 제거하는 것이었다. 이 괴물은 아미모네 우물 근처에 있는 늪 속에 살면서 아르고스 지방을 약탈하였다. 이 우물은 그 나라가 한발로 피해를 입고 있을 때 아미모네에 의하여 발견되었다. 그리고 전하는 바에 의하면 그녀를 사랑한 포세이돈이 그의 삼지창으로 바위를 찌르게 해 그곳에서 세 개의 출구를 가진 우물이 솟아 나왔다는 것이다. 히드라는 그 하나를 차지하고 있었는데 헤라클레스가 그것을 퇴치하기 위하여 파견되었다. 히드라는 아홉 개의 머리를 가지고 있는데 그중 한가운데에 있는 머리는 죽지 않는 것이었다. 헤라클레스는 곤봉으로 쳐서 머리를 차례로 떨어뜨렸으나 머리 하나가 떨어지면 그 자리에 바로 두 개의 머리가 생겨났다. 마침내 헤라클레스는 이올라오스라는 그의 충복의 도움을 받아 히드라의 머리를 불태우고 죽지 않는 머리는 큰 바위 밑에 파묻었다.

세 번째의 일은 아우게이아스의 마구간들을 청소하는 것이었다. 아우게이아스는 엘리스의 왕이었는데 소를 3천여 마리 정도 소유하고 있었다. 그 마구간들은 30년 동안 청소를 하지 않아서 하루에 청소를 끝낸다는 것은 상상도 할 수 없는 일이었다. 그러나 헤라클레스는 머리를 짜내 알페이오스와 페네이오스라는 두 강물을 마구간으로 끌어들여 말끔하게 청소를 마쳤다.

다음 일은 좀 색다른 것이었다. 에우리스테우스의 딸 아드메테는 사치심이 강해 아마존 여왕의 허리띠를 탐내었다. 에우리스테우스는 딸의 사치심을 만족시키기 위해 헤라클레스에게 그것을 가져오라고 명령하였다. 아마존은 여자들만 사는 나라였다. 그들은 매우 호탕하였고, 번창한 도시도 여러 개 가지고 있었다. 그들은 아이가 태어나면 여자아이만 기르고 남자아이는 인접국으로 보내거나 죽였다. 헤라클레스는 한 무리의 지원자들을 대동하고 온갖 어려움을 겪은 뒤에 마침내 아마존에 도착하였다. 여왕 히폴리테는 그를 친절히 영접하고 자신의 허리띠를 내주겠노라고 약속했다. 그러자 헤라는 아마존의 한 여인으로 변장하고 나타나 방문객들이 여왕을 납치하려고 한다는 소문을 퍼뜨렸다. 이 말을 믿은 아마존의 여인들은 무장을 하고 헤라클레스의 배가 있는 쪽으로 몰려왔다. 헤라클레스는 히폴리테가 자신을 배반했다고 생각하고 그녀를 죽인 후 자기 나라로 허리띠를 가지고 돌아왔다.

헤라클레스에게 명령된 일 중의 유명한 하나는 에우리스테우스에게 게리오네스의 소를 전해 주는 것이다. 이 소는 세 개의 몸뚱이를 갖고 있는 괴물로서 에리테이아라는 섬에 살고 있었다. 이 소는 흔히 '붉은 괴물'이라고 불리었는데 그 이유는 서쪽에 위치한 그 섬이 지는 해의 광선에 의해 붉게 물들었기 때문이다. 아마 지금의 스페인을 가리킨 듯한데, 게리오네스는 그곳의 왕이었다. 여러 나라를 돌아 헤라클레스는 마침내 리비아와 에우로페(유럽)의 국경에 도착하였다. 그곳에 그는 자기의 여행 기념비로서 칼페와 아빌라라는 두 개의 산을 세웠다. 또 다른 설에 의하면 산 하나를 둘로 쪼개어 양편에 반씩 나누어 지브롤터의 해협을 이루게 했는데, 그 두 산은 헤라클레스의 기둥이라고 불렸다. 그런데 그 게리오네스의 소는 거인 에우리티온과 머리가 둘 달린 개가 지키고 있었는데, 헤라클레스는 거인과 그의 개를 죽이고 소를 무사히 에우리스테우스에게 가져왔다.

가장 어려운 일은 헤스페리데스(금성)의 딸들의 황금사과를 가지고 오는 일이었는데 헤라클레스는 그것이 어디 있는지도 몰랐다. 그 사과는 헤라가 대지의 여신으로부터 결혼 기념으로 얻은 것으로 그녀는 헤스페리데스의 딸들에게 그것을 보관하도록 부탁하였고 용 한 마리가 그들을 도와 지키고 있었다. 온갖 모험을 겪은 뒤 헤라클레스는 아프리카의 아틀라스 산에 도착하였다. 아틀라스는 원래 티탄족의 한 사람이었다. 그는 신들에 반항하여 싸우다가 패배하여 양어깨에 무거운 하늘을 짊어지고 있도록 벌을 받았다. 그는 헤스페로스의 딸들의 삼촌이었다. 그래서 헤라클레스는 사과를 발견하여 자기에게 갖다 줄 자로는 그 이상 더 적격자가 없으리라고 생각하였다. 그러나 어떻게 하여 아틀라스로 하여금 그 장소를 떠나게 할 수 있을 것인가? 혹은 어떻게 하여 그가 없는 동안에 하늘을 떠받치고 있을 것인가? 헤라클레스는 자신이 그 짐을 대신 짊어지고 있을 테니 황금사과를 따 달라고 부탁하였다. 아틀라스는 우선 황금 사과나무를 지키고 있는 라돈이라는 용을 죽여 달라고 말하였다. 헤라클레스는 활을 잘 겨냥해서 당겼다. 활은 라돈의 몸을 정확하게 꿰뚫었고, 라돈은 나무에서 미끄러지더니 죽었다. 헤라클레스는 하늘을 짊어지고 아틀라스는 황금사과를 가지러 갔다. 헤라클레스는 밤새도록 하늘을 떠받치고 있느라고 초죽음이 되었다. 아침 해가 떠오를 무렵에야 아틀라스가 황금사과 세 개를 따 가지고 돌아왔다. 그러나 그의 행동은 돌연 엉뚱했다. "자, 부탁대로 이렇게 황금사과를 따 왔네만 내가 에우리스테우스 왕에게 가져가야겠네. 나도 이제 무거운 하늘을 남에게 맡기고 편해져야 하겠네. 자유롭게 땅을 밟고 다닌다는 건 즐거운 일이야." 헤라클레스는 속으로 '아차' 했다. 그러나 곧 한 가지 묘안을 생각해 내고 웃으며 말했다. "쉬고 싶어 하는 당신을 충분히 이해합니다. 정말이지 무거운 짐입니다. 그러나 한 가지 문제가 있어요. 그것은 다름이 아니라 잠시 동안만 짊어지고 있으면 될 줄 알고 하늘을 제대로 어깨에 올려놓지 않았더니 어깨가 빠개질 듯이 아프군요. 그러니 당신이 아프지 않게 올려놓을 수 있는 요령을 가르쳐 준다면 당신이 돌아올 동안 내가 대신 하늘을 짊어지고 있지요." 아틀라스는 황금사과를 땅에 내려놓고 헤라클레스에게 하늘을 건네받으며 이렇게 말하였다. "그야 어렵지 않네. 이렇게 어깨에 내려놓으면 아프지 않지." "그렇게 짊어지면 정말 아프지 않겠군요. 자, 그러니 능숙한 당신이 계속 하늘을 짊어지고 있는 것이 더 낫겠군요. 자, 그럼 안녕히……." 인사를 마친 헤라클레스는 무사히 사과를 에우리스테우스에게 넘겨주었다. 시인들은 서쪽 하늘의 아름다운 석양을 보고 서쪽을 광명과 영광의 땅이라고 생각하였다. 그래서 그들은 축복받은 사람들의 섬이라든가, 게리오네스의 화려한 소가 사육되고 있는 붉은 섬 에리테이아라든가, 헤스페리데스의 딸들의 사과는 그리스인들이 어렴풋이 들은 적이 있는 스페인의 오렌지라고 상상하는 사람도 있다.

또 헤라클레스의 유명한 공적 중의 하나는 안타이오스에 대한 승리이다. 안타이오스는 대지의 여신 가이아의 아들로서 힘센 거인이며 씨름꾼이었다. 그의 힘은 그가 그의 어머니인 대지와 접촉하고 있는 한 아무도 꺾을 수 없었다. 그는 자기 나라에 오는 모든 여행자들을 협박하여 그와 씨름을 하게 하였고 씨름에 지면 피살된다는 조건을 걸었다. 헤라클레스는 그에게 대항하였는데 그를 내던져도 소용없음을 알고는—그는 넘어지면서 새로 힘을 얻어 다시 일어났으므로—

그를 번쩍 쳐들어서 공중에서 교살하였다.

카쿠스 역시 어마어마한 거인이었는데 아벤티누스 산의 동굴에 살고 있으면서 주위의 나라를 약탈하였다. 헤라클레스가 게리오네스의 소들을 몰고 귀국하는 도중에 잠을 자고 있었는데, 카쿠스는 그중 몇 마리를 훔쳤다. 그는 소의 발자국으로 행방을 추적하지 못하도록 소의 꼬리를 잡고 뒤로 끌어서 동굴로 데리고 갔다. 헤라클레스는 이 술책에 속았다. 그래서 그는 소를 찾을 수가 없었다. 그런데 우연히 남은 소를 몰고 도난당한 소가 숨겨져 있는 동굴 옆을 지날 때 그 안에 있던 소가 울어서 이를 발견할 수 있었다.

헤라클레스의 공적은 케르베로스를 지하 세계에서 끌고 오는 일이었다. 헤라클레스는 헤르메스와 아테나를 대동하고 지하 세계로 내려갔다. 그는 무기를 사용하지 않는다면 케르베로스를 지상으로 데리고 가도 좋다고 지하 세계의 왕인 하데스로부터 약속받았다. 그래서 헤라클레스는 그 괴물이 몸부림치는 것을 꼭 붙잡아 에우리스테우스에게 갖다 주고, 후에 다시 또 지하 세계로 데려다 주었다. 지하 세계에 갔을 때 그는 그를 존경하고 그와 같이 되고 싶어 하는 테세우스를 자유의 몸이 되게 해 주었다. 테세우스는 페르세포네를 납치하려다가 실패하여 그곳에 죄수로 억류되어 있었다.

헤라클레스는 어느 날 몹시 화가 나서 친구인 이피토스를 죽였다. 그 벌로 그는 3년 동안 여왕 옴팔레의 노예가 되도록 선고를 받았다.

그동안에 헤라클레스의 성격은 변한 듯하였다. 그는 여자와 같은 생활을 하며 때로는 여자들의 옷을 입기도 하였으며 옴팔레의 시녀들과 실을 잣기도 하였다. 그리고 자신의 사자 모피를 여왕에게 입혔다. 이 노역을 끝낸 후에 그는 데이아네이라와 결혼하여 3년 동안 행복하게 살았다. 어느 날 아내와 더불어 여행을 하던 중 어떤 강에 이르렀다. 그곳에서는 네소스라는 이름의 켄타우로스족이 일정한 삯을 받고서 길손을 건네주고 있었다. 헤라클레스 자신은 걸어서 건넜지만 아내는 네소스에게 건네 달라고 부탁하였다. 그런데 네소스는 그녀를 데리고 뺑소니를 치려고 하였다. 헤라클레스가 그녀의 비명을 듣고 네소스의 심장에 화살을 쏘았다. 네소스는 죽으면서 데이아네이라에게 남편의 사랑을 유지할 주문으로 쓸 수 있을 것이니 자신의 피를 간직해 두라고 일러 주었다. 데이아네이라는 그가 시키는 대로 하였다. 그리고 얼마 가지 않아 그것을 사용할 때가 왔다. 헤라클레스는 전쟁에서 승리하여 이올레라는 이름의 한 처녀를 포로로 붙잡았는데, 데이아네이라의 생각에는 온당치 않을 정도로 헤라클레스가 그 처녀를 좋아하는 것 같았다. 헤라클레스는 자신의 승리에 대한 감사의 뜻으로 신들에게 희생물을 바치기 위해 그때 입을 흰 가운을 가지고 오도록 아내에게 사람을 보냈다. 데이아네이라는 사랑의 주문을 시험할 절호의 기회라고 생각하고 그 옷을 네소스의 피에 적셨다. 그녀는 물론 주의하여 그 피의 흔적을 남김없이 씻어 버렸지만 마력은 남아 있었다. 헤라클레스가 그 옷을 입고 몸이 따뜻해지자마자 독이 그의 전신에 퍼졌다. 참을 수 없는 통증이 그를 갈가리 찢는 듯하였다. 혼란스런 마음에 그는 운명의 가운을 갖고 온 리카스를 붙잡아서 바닷속으로 던져 버렸다. 그는 옷을 벗으려고 애를 썼지만 그럴수록 옷은 그의 몸을 점점 죄었다. 헤라클레스는 이런 고통스러운 상태로 배에 태워져 집으로 돌려보내졌다. 데이아네이라는 뜻하지 않은 자신의 실수를 보고 목을 매어 자살하였다. 헤라클레스는 죽을 각오를 하고 오이테 산에 올라 화장할 나뭇더미를 쌓고 필록테테스에게 자기의 활과 화살을 주고, 머리에는 곤봉을 베고 사자의 모피를 몸 위에 펴고서 나뭇더미 위에 누웠다. 그는 엄숙한 표정으로 필록테테스에게 횃불로 불을 붙이라고 명령하였다. 불길은 눈 깜짝할 사이에 퍼져서 곧 나뭇더미를 덮고 말았다. 신들은 지상의 전사가 이와 같은 최후를 맞는 것을 보고 애통해하였다. 그러나 제우스는 웃음을 띠고 신들에게 말하였다.

"제왕들, 나는 그대들이 걱정해 주는 것에 대하여 감사하게 생각한다. 그리고 내 곁에 그대들과 같은 충성스런 부하들이 있다는 것을, 나의 아들을 그대들이 사랑해 주는 것을 매우 고맙게 여기고 있다. 또 그대들이 헤라클레스의 여러 가지 공적을 헤아려서 저 불 속에서 꺼내 주려고 생각하는 것도 매우 반갑다. 그러나 이젠 걱정할 것 없다. 다른 모든 역경을 이겨 낸 그가 이까짓 오이테 산에서 타오르는 불꽃을 이겨 내지 못하겠는가. 사멸하는 것은 어머니에게서 받은 것뿐이고, 아버지인 나에게서 받은 것은 불멸이다. 나는 지상의 생명을 잃은 그를 천국에 데려오려고 하니 그대들도 모두 그를 환영해 주었으면 한다. 비록 그의 이러한 영광이 못마땅하게 여겨지는 자가 있더라도 그가 그만 한 것을 받을 만한 공적이 있다는 것은 아무도 부인할 수는 없을 것이다."

신들은 제우스의 말을 듣고 동의하였다. 헤라는 마지막 말이 자기를 두고 한 말인 것처럼 느껴져 조금 불쾌하였지만 남편의 결정을 못마땅하게 생각할 정도는 아니었다. 불꽃이 헤라클레스가 어머니로부터 받은 것을 모두 태워 사라지게 했을 때, 헤라클레스는 신적인 부분은 손상을 받지 않고 도리어 새로운 힘을 얻어 더 고상한 풍채와 위엄 있는 모습을 갖추게 되었다. 제우스는 그를 구름으로 싸고 네 마리의 말이 끄는 이륜차에 태워 하늘에 오르게 하여 별들 사이에서 살게 해 주었다. 그가 하늘에 도착하였을 때 아틀라스는 짐이 더 무거워진 것 같았다. 또한 헤라는 헤라클레스와 화해하고 딸 헤베를 그에게 시집보냈다.

## 헤베와 가니메데스

　헤라의 딸이며, 청춘의 여신인 헤베는 신들에게 술을 따라주는 일을 하고 있었다. 보통 전설에 의하면 그녀가 헤라클레스의 아내가 되자, 그 일을 그만두었다는 것이다. 그러나 또 다른 설에 의하면 어느 날 신들의 시중을 들던 중 실수하여 면직되었다고 한다. 그 뒤를 이은 것은 트로이 태생의 소년 가니메데스였다. 그가 이데 산에서 친구들과 놀고 있을 때 수리로 변장한 제우스가 그를 하늘로 납치하여 헤베의 후임으로 임명하였다.

# 제10장
## 테세우스, 다이달로스, 이카로스

## 아테네의 영웅 테세우스

테세우스는 아테네의 왕 아이게우스와 트로이 왕의 딸 아이트라의 아들이었다. 그는 트로이에서 양육되었고, 성년이 되었을 때 아테네로 가서 아버지와 대면하기로 되어 있었다. 아이게우스는 테세우스가 탄생하기도 전에 아이트라와 헤어졌는데, 그때 자기의 칼과 구두를 큰 돌 밑에 놓고 그녀에게 이르기를 아들이 장성하여 그 돌을 움직여서 그 밑에서 물건들을 꺼낼 정도가 되면 자기에게로 보내라고 분부하였다. 이제 때가 되었다고 생각하였을 때 어머니는 테세우스를 돌 있는 곳으로 데리고 갔다. 그는 쉽게 돌을 움직여 칼과 구두를 꺼냈다. 육로에는 도둑들이 들끓었으므로 그의 조부는 그에게 좀 더 안전한 해로를 이용하라고 일렀다. 그러나 젊은 테세우스는 영웅심에 불타 그 당시 그리스에서 명성이 높았던 헤라클레스와 같이 그 나라를 괴롭히고 있는 나쁜 놈들과 괴물들을 퇴치하여 명성을 얻고 싶은 마음을 억제할 수 없었기에 더 위험한 육로를 택하였다.

첫날 여행으로 에피다우로스에 도착하였는데 그곳에서는 헤파이스토스의 아들 페리페테스가 살고 있었다. 이 잔악무도한자는 언제나 쇠망치를 가지고 다녔는데 여행자들은 그에게 폭행을 당할까 봐 두려워하였다. 테세우스가 가까이 오는 것을 보자 그는 돌격해 왔으나 곧 젊은 영웅의 일격을 받아 거꾸러졌다. 테세우스는 그의 쇠망치를 빼앗아 최초 승리의 기념으로 그 후 늘 가지고 다녔다.

그 후에도 그 나라의 폭군이나 약탈자들과 이와 비슷한 승부를 여러 번 하였는데, 모두 테세우스가 승리하였다. 그중 하나로 프로크루스테스라고 일컫는 자가 있었는데 그 이름은 '잡아 늘이는 자'라는 의미이다. 그는 쇠 침대를 가지고 있었는데 그와 마주친 모든 여행자들을 그 위에서 재웠다. 그들의 신장이 침대보다 짧을 때에는 몸을 잡아 빼서 침대 길이에 맞추었으며, 반대로 키가 침대보다 길 경우에는 다리를 잘라 버렸다. 테세우스는 이자도 그동안 여행자들이 당한 것처럼 처치하였다.

도중의 모든 난관을 극복하고 테세우스는 마침내 아테네에 도착하였는데, 그곳에는 새로운 위험이 그를 기다리고 있었다. 여자 마술사

메데이아가 이아손과 이별한 뒤 코린토스에서 도망쳐 나와 테세우스의 아버지 아이게우스의 아내가 되어 있었다. 마술로 테세우스의 정체를 알아낸 메데이아는 만약 그가 남편의 아들로 인정되면, 남편에 대한 자신의 영향력이 줄어들 것으로 염려하여 아이게우스의 심중에 젊은 손님에 대한 의구심을 들도록 하여 손님에게 독배를 마시게 하도록 권유하였다. 마침내 테세우스가 그것을 받으려고 앞으로 나아갔을 때 그가 차고 있던 칼을 보고서 아이게우스는 자신의 아들임을 알아보고 독배를 치우라고 명령하였다.

메데이아는 이 같은 간계가 발각되자 그 벌을 모면하려고 또다시 아시아 지방으로 갔다. 이 지방은 후에 메데이아라고 불리었는데, 그녀의 이름에서 유래한 것이다. 그 후 테세우스는 그의 부친에게 인정을 받고 후계자로 결정되었다. 그 당시 아테네 사람들은 크레타 왕 미노스에게 바쳐야 하는 조공 때문에 큰 고통을 받고 있었다. 그 조공이라는 것이 일곱 명의 소년과 소녀로서 이들은 소의 몸뚱이와 인간의 머리를 가진 미노타우로스라는 괴물의 밥이 되기 위해 매년 바쳐지고 있었다. 이 괴물은 매우 포악하고 사나운 짐승으로서 다이달로스라는 사람이 만든 미궁 속에 갇혀 있었는데, 이 건물의 구조는 매우 교묘하게 되어 있어 누구나 그곳에 들어가면 자기 힘으로는 절대로 나올 수가 없었다. 미노타우로스는 그 속을 돌아다니며 그곳으로 끌려온 희생물을 잡아먹었다.

테세우스는 죽는 한이 있더라도 이 재난으로부터 백성들을 구하겠노라고 결심하였다. 마침 조공을 할 시기가 되었을 때 파견될 소년과 소녀들이 관례에 따라 추첨에 의하여 결정되었는데 테세우스는 부친의 만류에도 불구하고 자진하여 그 대열에 합류했다. 배는 전과 같이 검은 돛을 달고 떠났는데 테세우스는 그의 아버지에게 자기가 승리를 하고 돌아올 때에는 흰 돛을 달고 오겠노라고 약속하였다. 그들은 크레타에 도착하여 미노스 왕 앞으로 나아갔다. 그때 그 자리에는 미노스 왕의 딸 아리아드네도 있었는데 그녀는 그를 본 순간 사랑에 눈이 멀게 되었고, 테세우스 역시 첫눈에 사랑을 느끼게 되었다. 그녀는 그에게 괴물을 찌를 칼 한 자루와 실 한 타래를 주었는데 테세우스는 이 실 끝을 옷자락에 묶고 미궁으로 들어갔다. 테세우스는 괴물을 무찌르고 실이 따라온 길을 더듬어 무사히 빠져나왔다. 그는 아리아드네와 괴물의 밥이 될 뻔했던 소년 소녀들과 함께 아테네를 향해 출범하였다.

도중 그들은 낙소스 섬에서 잠시 쉬기로 하였는데 테세우스는 잠든 아리아드네를 그곳에 버리고 왔다. 그가 은인에게 이 같은 배은망덕한 짓을 한 것은 꿈에 아테나가 나타나 그렇게 하도록 명령했기 때문이었다. 아티카 해안 가까이에 이르렀을 때 테세우스는 아버지와의 약속을 깜박 잊고 흰 돛을 달지 않았다. 그의 아버지는 배에 흰 돛이 없음을 알고 아들이 죽었다고 단정하여 자결을 하였다. 그래서 테세우스는 아테네의 왕이 되었다.

테세우스의 모험담 중 가장 유명한 것은 아마존족의 원정이다. 그는 그들이 헤라클레스로부터 받은 타격에서 회복되기도 전에 여왕 안티오페를 납치하였다. 아마존족들은 그 복수로 아테네에 침입하여 그 도시까지 쳐들어왔다. 테세우스가 그들을 물리친 최후의 전투도 다름 아닌 이 아테네 시 한가운데에서 벌어졌다. 이 전투는 고대의 조각가들에게 좋은 소재가 되어 오늘날에도 남아 있는 몇몇은 예술작품 속에서 그 모습을 찾아볼 수 있다.

테세우스와 페리토스와의 우정은 무척이나 각별하였는데 전쟁이 그 계기가 되었다. 페리토스는 마라톤 평야에 침입하여 아테네 왕의 가축을 약탈하여 갔다. 테세우스는 약탈자들을 격퇴하려고 진격하였다. 페리토스는 그를 본 순간 그에게 매료되었다. 그는 화해의 표시로서 손을 내밀고 부르짖었다. "처분대로 하시오. 무엇을 원하시오?" "그대와의 우정을." 테세우스가 대답하였다. 그래서 그들은 변함없는 우정을 서약하였다. 그 후 그들은 이 서약에 충실하였고 친형제와 같은 우정을 유지하였다. 그들은 둘 다 제우스의 딸과 결혼하기를 원하였다. 테세우스는 그때는 아직 어리지만 후에 트로이 전쟁의 원인이 된 그 유명한 헬레네를 선택하고, 페리토스의 원조를 받아 그녀를 납치하였다. 페리토스는 하계의 여왕을 원하였다. 테세우스는 위험한 일인 줄 알면서도 이 사랑의 모험가를 따라 하계로 내려갔다. 그러나 그들은 하계의 왕 하데스에게 잡혀 궁전의 문 옆에 있는 마력을 가진 바위 위에 방치되었다. 그들은 그곳에 유폐되었는데 마침내 헤라클레스가 와서 테세우스를 자유의 몸이 되게 했지만 페리토스는 그대로 내버려 두었다.

안티오페가 죽자 테세우스는 크레타의 왕인 미노스의 딸 파이드라와 결혼하였다. 테세우스에게는 히폴리토스라는 아들이 있었는데, 아버지를 닮아 미와 힘을 겸비하고 또 나이도 파이드라와 비슷하였다. 그녀는 그를 사랑하게 되었는데 그가 그녀의 구애를 물리쳤으므로 그녀의 사랑은 증오로 변하였다. 그녀는 자기에게 마음을 빼앗긴 남편을 교사하여 아들을 질투하게 하였다. 테세우스는 포세이돈에게 아들에 대한 복수를 기원하였다. 어느 날 히폴리토스가 해안을 따라 이륜차를 달리고 있을 때, 바다의 괴물이 해상에 나타나 말을 놀라게 하였다. 놀란 말들은 달아나서 이륜차를 산산이 부숴 버렸다. 히폴리토스는 죽었다. 그러나 아르테미스의 도움을 받아 의술의 신 아스클레피오스는 그의 생명을 회복시켰다. 아르테미스는 히폴리토스를 판단력을 잃은 아버지와 부정한 계모의 세력이 미치지 않는 이탈리아에 갖다 놓아 아게리아라는 요정의 보호를 받게 하였다.

테세우스는 마침내 국민의 신망을 잃어 스키로스의 왕인 리코메데스의 궁정으로 은퇴하였다. 리코메데스는 처음에는 그를 친절히 받아들였으나 뒤에 배반하여 그를 죽였다. 훗날 아테네의 키몬 장군은 그의 유해가 안치되어 있는 곳을 발견하고 그것을 아테네로 옮겼는데, 유해는 그를 기념하기 위하여 세운 테세이온이라고 불리는 신전에 안치되었다.

테세우스는 반(半)역사적 인물이라 할 수 있다. 기록에 의하면 그가 그 당시 아티카 지방을 점유하고 있었던 여러 종족을 한 나라로 통합하였는데 그 수도가 아테네였다고 한다. 이 중대한 업적을 기념하여 그는 아테네의 수호신인 아테나를 위한 판아테나이라는 축전을 창시하였다. 이 축전은 그리스의 다른 축전과 두 가지 점에서 서로 다르다. 그것은 아테네 사람들만의 축전으로서, 그 중요 행사는 엄숙한 행렬을 지어 페플론이라고 부르는 아테네의 성의(聖衣)를 파르테논에 가지고 가서 여신의 상 앞에 걸어 놓는 일이었다. 페플론에는 전면에 수를 놓았는데, 그것은 아테네에서 가장 명문의 처녀를 선발하여 그들에게 만들도록 하였다. 행렬에는 남녀노소를 가리지 않고 다 참가하였다. 노인들은 손에 올리브 나무의 가지를, 젊은 남자들은 무기를 들고 행진하였다. 젊은 여자들은 성기(聖器)와 과자와 기타 제물을 올리는 데 필요한 모든 물건이 든 바구니를 머리에 이었다. 그 행렬은 파르테논 신전의 외부를 장식한 부각(浮刻)의 제재가 되었다. 이 조각의 상당한 부분이 지금 영국 박물관에 보존되어 있는데, '행진 대리석'이라는 이름으로 알려진 조각 중의 일부가 되어 있다.

# 미로의 창시자 다이달로스

테세우스가 아리아드네에게서 받은 실타래에 의지하여 탈출했던 미궁은 다이달로스라는 뛰어난 솜씨를 가진 공인이 만든 것이다. 수없이 꾸불꾸불한 복도와 골목길이 이어진 그 미궁은 서로 통하기도 하고 막히기도 하면서 처음도 끝도 없는 듯하다. 그것은 마치 마이안드로스 강이 바다로 향하다가 휘어져 때로는 앞으로 흐르다가 때로는 뒤로 역류하는 모양과 비슷하였다. 다이달로스는 미노스 왕을 위하여 이 미궁을 만들었는데, 후에 왕의 총애를 잃어 탑 속에 갇히게 되었다. 그는 감옥에서 도망칠 궁리를 하였는데 바다에 둘러싸인 섬을 탈출할 수가 없었다. 왕은 모든 배를 엄중히 감시하여 검열을 받지 않고서는 하나도 출범치 못하게 하였기 때문이다.

"미노스는 육지와 바다를 지배할 수 있지만 공중을 지배하지는 못할 것이다. 나는 이 길을 택해 보겠다." 다이달로스가 말했다. 그래서 그는 자신과 아들 이카로스를 위하여 날개를 만들기 시작했다. 우선 조그만 깃털을 합치고, 점점 큰 것을 덧붙여 날개의 표면은 점점 넓혔다. 큰 털은 실로 잡아매고 작은 털은 밀초로 붙였다. 그리고 전체가 새의 날개와 같은 완만한 곡선을 이루도록 하였다. 아들 이카로스는 곁에 서서 바라보면서, 때로는 바람에 불려서 날아가는 털을 주우려고 쫓아다니기도 하고, 때로는 밀초를 손가락으로 만지면서 그의 아버지의 작업을 지켜보았다.

　마침내 작품이 완성되어 날개를 흔드니 몸이 공중으로 떠오르고, 공기를 쳐서 균형을 잡으니 몸이 완전히 뜰 수 있었다. 그는 아들에게도 날개를 달아 준 뒤 나는 방법까지 가르쳐 주었다. 그것은 마치 새가 그 어린 새끼들을 높은 보금자리에서 공중으로 유인하는 광경과 같았다. 준비가 다 되었을 때 그는 말하였다.

　"이카로스야, 나는 네가 적당한 높이를 유지하기를 부탁한다. 너무 낮게 날면 습기가 날개를 무겁게 할 것이고, 너무 높이 날면 태양의 열에 날개가 부서질 테니까 말이다. 내 뒤를 따라만 오너라. 그러면 안전할 것이다." 이렇게 말하며 아들의 어깨에 날개를 다는 동안에 아버지의 얼굴은 눈물에 젖고 손은 떨렸다. 그는 이것이 마지막일지도 몰라 아들에게 키스하였다. 그는 홰를 치며 공중으로 떠올랐다. 그리고 아들에게 뒤를 따르라고 격려하고 뒤를 돌아보며 아들이 날개를 조종하는 모습을 살폈다. 그들이 날아가는 모양을 농부들은 일을 멈추고 바라보았고, 양치기는 지팡이에 몸을 기대고 바라보았다. 그들은 그 광경을 보고 놀라 이와 같이 공중을 날 수 있는 사람은 신임에 틀림없다고 생각하였다. 그들은 왼쪽으로는 사모스와 델로스의 섬을, 오른쪽으로는 레빈토스 섬을 통과하였다. 그때 소년은 나는 기쁨에 사로잡혀 아버지의 곁을 떠나서 하늘에 닿을 정도로 높이 올라갔다. 불타는 태양은 날개를 붙이고 있던 납초를 녹였다. 그래서 날개는 산산이 흩어지게 되었다. 이카로스는 팔을 흔들었으나 공중에 몸을 뜨게 할 날개는 하나도 남지 않았다. 아버지를 향하여 부르짖었으나 그의 몸은 바다의 검푸른 물결 속으로 떨어지고 말았다. 그 후 이 바다는 이카로스 해라고 불렸다. "이카로스, 이카로스, 어디에 있느냐?" 아버지는 아들을 애타게 찾았다. 마침내 그는 날개가 물 위에 떠 있는 것을 보았다. 그리고 자신의 기술을 한탄하면서 아들의 시체를 거두었다. 그리고 아들을 기념하여 그 땅을 이카리아라고 불렀다. 다이달로스는 무사히 시칠리아에 도착하여 그곳에다 아폴론을 위한 신전을 건립하고, 그의 날개를 신에 대한 헌납물로 그곳에 걸어 놓았다.


## 미노타우로스와 미궁


크레타 섬의 전설은 미노스 왕을 중심으로 이루어져 있다. '미노스'란 선사 시대에 크레타의 왕을 가리키는 칭호였을 수도 있고 혹은 섬에 얽힌 갖가지 전설을 '미노스'라는 영웅의 전설에 통합해 버렸을 가능성도 있다. 크레타 섬의 왕은 정치상으로 최고의 권력자인 동시에 종교상으로는 최고의 제관이었다. 최고 권력의 상징은 쌍날도끼요, 최고신의 표상은 황소였다. 미노스 왕에 얽힌 전설로 유명한 것은 메가라침공, 아테네시와의 관계, 왕비 파시파에, 밀레토스의 이야기, 다이달로스의 이야기가 있다. 이카로스 이야기는 다이달로스 이야기에 나온다.

다이달로스는 원래 아테네 왕가의 일족인데 건축, 토목, 철공의 솜씨가 뛰어났다. 그는 조카뻘 되는 소년 탈로스를 데려다가 일을 가르쳤는데 이 소년의 재주가 비상하여 나이 열두 살에 벌써 생선의 뼈에서 힌트를 얻어 톱을 발명하고 컴퍼스도 발명하여 다이달로스 못지않게 명성이 자자했다. 여기에 시기와 불안을 느낀 다이달로스는 탈로스를 아크로폴리스 언덕에 있는 여신의 사당 지붕 꼭대기로 데리고 올라가서 먼 경치를 가리키는 척하다가 그를 밀어 떨어뜨려 죽였다. 그리고 그 시체를 몰래 파묻으려다가 발각되어 살인죄로 추방당했다.

다이달로스는 크레타 섬의 수도 크노소스로 가서 미노스 왕의 후대를 받으면서 잘 지냈다. 그러던 중 왕비 파시파에의 청에 못 이겨 포세이돈이 보낸 황소와의 간음을 도와주었다. 여기에서 태어난 것이 몸은 사람이고 머리는 황소인 미노타우로스이다. 미노스 왕은 다이달로스로 하여금 이 괴물을 영원히 가두어 둘 수 있는 지하 미궁을 축조토록 했다. 그런데 후에 다이달로스가 왕비의 간음을 방조해 준 것이 발각되어 다이달로스는 아들 이카로스와 함께 미궁에 갇히고 말았다(이에 앞서 그는 미노스 왕가의 여 노예와 결혼하여 아들 이카로스를 낳았던 것이다).

다이달로스가 미궁 속에 갇히게 된 또 다른 이야기가 있다. 테세우스가 미궁 속에 갇히게 되자 테세우스에게 반한 미노스 왕의 딸 아리아드네가 그를 구출하려고 다이달로스에게 도움을 청했다. 다이달로스는 그녀에게 실타래를 주면서 미궁에서 빠져나오는 법을 일러 주었다. 미궁 속에 갇히게 된 다이달로스는 깃털을 모아 날개 두 쌍을 만들어 밀랍으로 어깨에 붙이고 아들과 함께 공중으로 날아갔다. 다이달로스는 아들 이카로스에게 태양에 너무 가까이 올라가지 말라고 주의를 주었다.

그러나 이카로스는 공중을 나는 재미에 그만 아버지의 주의를 잊고 태양 가까이 올라갔다가 날개의 밀랍이 녹아 어깨에서 날개가 떨어지는 바람에 바닷속으로 떨어져 죽고 말았다. 그 시체를 건져 섬에 파묻었는데 그 섬이 이카로스 섬이다. 다이달로스는 나폴리 근처로 내려가서 날개를 아폴론 신에게 헌납하고 나서 카미쿠스로 가서 즐겁게 살았다고 한다.

이카로스의 신화가 현대인들에게 주는 교훈은 크다. 아무리 원대한 목표라 하더라도 의욕만 가지고는 이룰 수 없다는 것이다. 목표를 이루기 위한 사전 작업, 즉 철저한 분석과 준비 없이는 곤두박질치는 결과를 가져오고 만다. 자신이 가지고 있는 목표가 원대하다고 자랑할 것은 없다. 굳이 자랑을 하고 싶다면 그 목표를 이루기 위해 얼마나 꼼꼼하고 철두철미하게 준비하는지를 자랑하라. 실현 불가능한 목

표는 목표가 아니라 망상에 불과하다는 것을 명심해야 할 것임을 우
리에게 말해 주고 있다.

# 제11장
## 비극적 영웅 오이디푸스

## 신화 속의 오이디푸스

　오이디푸스는 그리스 신화에 나오는 비극적 이야기의 주인공이다. 아버지를 죽이고 어머니와 결혼하였다는 모티브에 착안하여 프로이트가 자신의 이론에 그 주인공의 이름을 갖다 붙인 것이다.

　테베의 왕 라이오스와 왕비 이오카스테에겐 자식이 없었다. 델포이 신전에서 아들을 갖게 해 달라고 비는 그들에게 신탁이 내리기를 '아들이 생기긴 하겠지만, 그 아들은 장차 아비를 죽이고 어머니와 결혼하리라'는 것이었다. 라이오스는 왕비와 잠자리를 같이하지 않음으로써 신탁이 내린 운명을 피해 가려 했다. 그러나 술이 몹시 취한 어느 날, 왕비와 몸을 섞고 말았고 마침내 그토록 두려워하던 아들이 태어났다. 신탁의 실현을 두려워한 왕은 아이를 죽이기로 결심하고는 은밀히 부하 한 사람을 불렀다. 그는 양치기였다. 라이오스 왕은 아이의 발목에 구멍을 뚫어 가죽 끈으로 두 발목을 단단히 묶었다. 그러고는 아이를 강보에 싸 내밀며 일렀다.

"키타이론 산 깊숙이 들어가 아이의 발목을 묶은 이 가죽 끈을 튼튼한 나뭇가지에다 걸어놓고 오너라." 하지만 양치기는 차마 아이를 죽일 수 없었다. 그래서 산에서 만난 코린토스의 어떤 양치기에게 아이를 넘겨주었고, 왕에게는 시킨 대로 했노라고 보고했다. 그런데 당시 코린토스의 왕 폴리보스에게는 자식이 없었다. 왕에게 혈육이 없음을 늘 안타까이 여겨 왔던 충직한 양치기는 자기가 얻은 아이를 왕에게 갖다 보였고, 왕과 왕비는 아이를 양자로 입적했다. 발견된 당시에 발이 퉁퉁 부어 있었다고 해서 아이에겐 오이디푸스(발이 부은 자)라는 이름이 붙여졌다.

그런데 오이디푸스가 헌헌장부(軒軒丈夫)로 자라난 뒤, 어느 날이었다. 오이디푸스를 데려왔던 양치기가 술자리에서 오이디푸스가 왕의 친아들이 아님을 발설하고 말았다. 왕은 쉬쉬했지만 이상하게 생각한 오이디푸스는 델포이 신전으로 찾아가 사실 여부를 물었다. 물음에 대한 답 대신 '너는 네 아버지를 죽이고 어머니와 결혼할 것'이라는 신탁이 내렸다. 오이디푸스는 저주받은 운명을 피하기 위해 코린토스로 돌아가지 않고 그 길로 방랑길에 올랐다. 아버지를 떠나 있으면 아버지를 죽이게 되는 일도 없으리라 생각한 것이다. 그런데 보이오티아로 향하던 도중에 오이디푸스는 본의 아니게 살인을 저지르게 되었다. 좁은 길에서 마차를 탄 웬 노인과 마주치게 되었는데, 노인은 오이디푸스더러 길을 비키라고 채찍을 휘둘렀고 젊은 혈기를 이기지 못한 오이디푸스는 노인과 그 부하를 모두 죽이고 말았다. 그 노인은 다름 아닌 테베의 왕 라이오스였다. 라이오스는 테베에 스핑크스라는 괴물이 나타나 사람을 수없이 죽이기에 델포이 신전에 그 연유를 물으러 가던 중이었다.

자기를 죽인 청년이 자신의 아들임을 라이오스가 몰랐듯이 오이디푸스도 그가 누구인지 몰랐다. 오이디푸스는 방랑을 계속하여 몇 달 뒤에 테베에 이르렀다. 오이디푸스가 테베에 당도하자 사람들이 반가워 어쩔 줄을 몰라 했다. 이상히 여긴 오이디푸스가 까닭을 물으니 혹시 스핑크스를 물리칠 수 있는 영웅이 아닌가 싶어 그런다고 대답했다. 스핑크스는 머리는 여자, 몸은 사자인 데다 양어깨엔 날개까지 단 괴물이었다. 테베 도성으로 들어가는 입구에 있는 신전의 기둥 위에 올라앉아 수수께끼를 내고는 그걸 알아맞히지 못하면 목을 졸라 죽여 버린다는 것이었다. 그것도 꼭 남자만 죽이니 자칫하다간 테베 남자들은 씨가 마를 지경이었다.

하지만 아무도 그 수수께끼를 풀지 못했다. 사람들은 말끝에 "선왕도 스핑크스를 물리칠 방도를 묻기 위해 델포이 신전으로 가다, 불행히도 강도를 만나 죽고 말았다"라고 덧붙였다. 그래서 테베 왕가에서는 스핑크스의 수수께끼를 푸는 사람에게 왕위를 주며, 홀로 된 왕비를 아내로 맞이할 수 있도록 하겠다는 약속을 내걸고 있었다. 오이디푸스는 모험을 받아들였다. 수수께끼는 '아침에는 네 개의 다리, 오후에는 두 개의 다리, 저녁에는 세 개의 다리로 걷는 것이 무엇인가'라는 것이었다. 해답은 '인간'이었다. 인간은 갓난아기 때는 두 발과 두 팔, 즉 네 다리로 걷다가 어른이 되면 두 다리로 그리고 늙으면 지팡이에 의지해 세 다리로 걷는다. 오이디푸스가 해답을 말하자마자 스핑크스는 그 자리에서 굳어 버리고 말았다. 약속대로 왕위에 오른 오이디푸스는 왕비 이오카스테와 결혼하여 두 딸과 두 아들을 낳고 행복하게 살았다. 그런데 태평성대가 계속되는가 싶더니 어느 날 난데없이 테베에 전염병이 번지기 시작했다. 오이디푸스는 다시 델포이 신전으로 달려갔다. 그러자 '부친 살해와 근친상간에 대한 징벌'이라는 신탁이 내렸다. 그때까지도 코린토스 왕을 친아버지로 알고 있던 오이디푸스는 영문을 몰랐다. 그러나 우여곡절 끝에 모든 사실이 밝혀지게 되었다. 충격을 받은 왕비 이오카스테는 자살하였고 오이디푸스는 스스로 눈을 뽑아 장님이 되었으며 죽을 때까지 미치광이가 되어 떠돌아다녔다.

# 오이디푸스 콤플렉스

　3~6세 사이의 남자아이가 이성인 어머니의 사랑을 독차지하기 위해 동성의 아버지를 경쟁자로 적대시하는 심리 현상을 가리키는 '오이디푸스 콤플렉스'는 프로이트가 인간의 성격이 어떻게 형성, 발달하는가를 설명하면서 사용한 용어이다. 프로이트는 인간을 본능적 욕구에서 파생하는 어떤 정신적 에너지에 의해 움직이는 하나의 기계처럼 생각했다. 그 동력의 이름은 '리비도'이다. 본능적인 욕구를 만족시키라고 인간을 내모는 불가항력적인 힘, 그것이 리비도이다. 리비도는 흔히 '성적인 충동'과 동일한 의미로 쓰이는데, 그것은 프로이트가 인간이 지닌 여러 본능적 욕구 가운데서 가장 강력한 것이 성적인 욕구라고 파악했기 때문이다.

　프로이트는 리비도의 양은 어느 시기에나 동일하지만 사람이 성장해 감에 따라 표현 형태를 달리한다고 보았다. 리비도는 구강기, 항문기, 남근기, 잠재기를 거쳐 성기기로 발달해 가는데 각각의 단계를 어떻게 거치느냐에 따라 개인의 성격이 달라진다. 즉 각각의 시기에 욕구가 제대로 충족되었는지 그렇지 않은지에 따라 성격상의 특성이 생겨난다는 것이다. 예컨대 리비도가 입과 입술, 혀 그 밖의 입 근처에 집중되는 시기가 태어나서 1년 반까지의 구강기인데, 이 시기엔 아이들이 입으로 할 수 있는 활동, 즉 엄마의 젖을 빨거나 손가락을 빨거나, 무언가를 깨무는 일에서 쾌감을 느낀다. 그런데 만약 이 시기에 아이의 욕구가 과잉 충족되거나, 지나치게 좌절된다면 그 아이는 장차 지나친 낙관주의나 염세주의에 빠지기 쉽다. 또한 남에게 의존하려는 성향이 강하며 술, 담배를 지나치게 즐기거나 껌 씹기를 좋아하는 등 입을 많이 놀리는 습관을 가지게 된다. 이처럼 어떤 시기에나 욕구가 알맞게 충족되어야지 지나치게 많거나 적게 충족되면 성격상의 결함이 생겨난다는 것이 프로이트의 주장이다.

구강기, 항문기(1.5세에서 3세)에 이어 남근기가 오는데 이 시기를 '오이디푸스기'라고도 한다. 보통 아이들은 태어나면서부터 자신과 어머니를 동일시한다. 그래서 남자아이의 경우, 처음엔 '나도 어머니처럼 아버지의 사랑을 받아 봤으면' 하는 생각을 한다. 그러나 오이디푸스기에 이르러 어머니에게 음경이 없다는 사실을 깨닫고는 서서히 아버지와의 동일화를 시작한다. 말하자면 어머니를 이성으로 느끼기 시작하는 것이다. 그러면서 아버지에게 질투심, 경쟁심을 느끼고 어머니를 혼자 독점하고 싶은 소망을 품게 된다. 그래서 때로 "난 아버지가 죽으면 엄마랑 결혼할 거야" 같은 말을 하기도 한다. 우리는 아이의 이런 말을 웃고 넘겨 버리지만 프로이트는 그 말의 뒤에 숨은 무의식에 주목했던 것이다. 이것이 오이디푸스 콤플렉스이다.

그런데 아버지에게 적의를 품은 아이는 한편으로 자신의 속마음을 아버지에게 들켜 거세당하지 않을까 하는 두려움을 갖게 된다. 그래서 들키지 않으려고 아버지와 더욱 깊은 동일화를 꾀하게 된다. 그 과정을 통해 아이는 어머니를 포기하고 '남자의 길'을 택하게 되고 그럼으로써 마침내 오이디푸스 콤플렉스를 극복, 청산하게 된다.

오이디푸스기를 무사히 통과하면 이어 잠재기(7세에서 12세), 성기기(13세 이후의 청소년기)를 거치게 된다. 성적 충동이 왕성해지는 성기기에는 다시 오이디푸스적인 욕망이 부활하는데 그 욕망이 어머니가 아닌 다른 대상을 향함으로써 오이디푸스 콤플렉스가 완전히 청산된다. 오이디푸스 콤플렉스와 그 극복 과정은 아이의 주체성 확립과 성격 형성에 큰 영향을 미친다. 프로이트는 모든 신경증의 밑바닥에는 극복되지 못한 오이디푸스 콤플렉스가 도사리고 있다고 보고 있다. 어떤 이유에서든 그것을 제대로 극복하거나 청산하지 못하면 자라서도 올바른 이성 관계를 맺지 못하게 되거나 죄의식에 시달리게 된다. 우리나라에서 자주 문제가 되는 '홀어머니와 외아들'의 관계도 오이디푸스기의 정상적 통과 여부와 깊이 연관되어 있다.

# 콤플렉스란

　콤플렉스이론은 융(Jung)에 의해 처음 소개된 용어로 알려지고 있으나 실제로 1895년 브로이어(J. Breurer)가 「히스테리의 연구(Studies on hysteria)」라는 논문에서 처음 사용했다.

　그는 히스테리의 원인으로 작용하는 무의식 사고 및 기억의 집합체를 콤플렉스라고 했다. 콤플렉스는 장애물이지만 많은 노력을 하도록 자극하여 새로운 성취를 가능하게 해 주는 정신생활의 초점이다. 우리는 이것이 없으면 정신활동까지도 정지되기 때문이다.

　콤플렉스의 원인은 외상과 정서적인 충격 등에 있다. 콤플렉스의 근원은 어린 시절에 있고 현재의 사건, 갈등에도 있다. 그러나 콤플렉스가 생기는 근본 원인은 자신의 개성 전부를 인정하지 못하는 데 있다.

　이와 같이 콤플렉스는 한마디로 색안경 같은 것이라 할 수 있다. 세상을 보는 의식의 태도에 결정적인 영향을 주기 때문이다. 따라서 이와 같은 색안경에서 빨리 벗어나면 벗어날수록 세상을 올바르게 보고 적절하게 적응할 수 있을 것이다.

　콤플렉스가 많은 사람들은 문자 그대로 복잡하다. 콤플렉스가 적은 사람에 비해 예민하고 생각을 많이 하며 남이 자기를 어떻게 볼까 또 어떠한 생각을 갖게 될까 등등 많은 에너지를 낭비하게 된다. 한 마디로 콤플렉스는 열등감이 아닌 색안경과 같은 것이다.

# 제12장
## 나르시시즘과 내면세계

## 나르키소스의 닫힌 마음과 네메시스의 응징

나르키소스는 강신(江神) 케피소스와 강의 요정 레이리오페 사이에
난 아들이었다. '망연자실(茫然自失)'이라는 뜻의 이름 그대로 나르키
소스는 쳐다본 사람이라면 누구나 정신을 잃을 정도로 아름다웠다.
나르키소스가 두 살 나던 때였다. 강둑에서 요정들에게 둘러싸인 채
놀고 있는 나르키소스를 보고 지나가던 웬 눈먼 여자가 "저 아이는
제 얼굴을 보지 않아야 오래 살겠다"라는 이상한 말을 던졌다. 그 여
자는 목욕하는 아테나 여신의 알몸을 멋모르고 훔쳐보았다가 장님이
되어 버린 테이레시아스였다. 아테나는 테이레시아스의 눈을 멀게 한
대신 예언의 능력을 주었던 것이니, 그녀가 던진 말은 곧 나르키소스

의 앞날에 대한 불길한 암시였다. 어머니 리리오페는 아들의 불행을 염려하여, 절대로 나르키소스의 눈에 거울이 띄지 않도록 할 것과 나르키소스가 강으로 나갈 때마다 수면을 흔들어 버림으로써 물에 비친 제 모습을 보지 못하도록 할 것을 요정들에게 명령했다. 성실한 요정들 덕분에 나르키소스는 열여섯 살이 될 때까지 제 모습을 한 번도 보지 못하고 자라났다. 그러던 어느 날, 나르키소스는 숲으로 사냥을 나갔다. 마침 숲의 요정 에코가 이 아름다운 소년을 보게 되었다. 에코는 한눈에 불같은 사랑에 빠져들었다. 그러나 어찌하랴. 에코는 남이 하는 말을 따라 하는 것 외에는 아무런 말도 할 수 없는 처지였다. 에코는 원래 듣는 이의 혼을 빼놓을 정도로 말재간이 뛰어난 요정이었다. 그런데 어느 날 제우스가 요정들을 희롱하고 있다는 소문을 듣고 지아비를 찾아 나선 헤라를 만나게 되었다. 에코는 헤라를 붙들고 평소의 버릇대로 이 얘기 저 얘기 쉴 틈 없이 늘어놓았다. 에코가 너무 길게 수다를 떠는 통에 제우스와 놀고 있던 요정들이 헤라를 피해 모두 달아나 버렸고, 에코는 본의 아니게 헤라의 발을 묶어 놓은 셈이 되고 말았다. 화가 난 헤라는 이렇게 선언했다. "이제 다시는 날 속인 그 혀를 놀리지 못하게 할 것이나 네가 그렇게 좋아하는 그 '말대답'할 때만은 예외로 해 주마. 이제부터 너는 남의 말이 끝난 뒤에는 지껄일 수 있으나, 네가 먼저 말을 하지는 못하리라!" 때문에 에코는 그저 멀찍이서 나르키소스를 지켜보는 수밖에 없었다. 에코가 모습을 숨긴 채 가만가만 뒤쫓아 가노라니, 같이 사냥 나온 친구들을 잃어버렸는지 나르키소스가 큰 소리로 친구들을 불렀다. “거기 누구 없나?” “없나!” 하고 에코가 대답했다. “있으면 이리 나오게!” 에코가 또 “이리 나오게!” 하고 대답했다. “이리 와서 함께 가자!” 나르키소스가 다시 외쳤다. 그러자 에코는 “함께 가자!”고 따라 외치면서 숨어 있던 곳에서 뛰쳐나와 나르키소스의 목에 팔을 감았다. 그러나 나르키소스는 기겁을 하고 뒤로 물러섰다. 그러고는 “손 치워! 너 같은 것에게 안기느니 차라리 죽는 게 낫겠다!”는 매몰찬 말을 남기고 본체만체 떠나 버렸다. 참으로 잔인하기 짝이 없는 말이요, 처신이었다. 에코는 부끄러워서 새빨개진 얼굴을 감추느라고 깊은 숲 속으로 달아나 숨었다. 이때부터 에코는 사람들 눈에 띄지 않는 동굴이나 계곡에서만 살았으며 사랑을 거절당한 슬픔 때문에 나날이 여위어 가다가 마침내는 형체도 없이 스러져 목소리만 남게 되었다. 나르키소스에게 사랑을 호소하다가 죽어 간 요정은 비단 에코만이 아니었다. 수많은 요정들이 응답 없는 사랑에 절망하여 에코처럼 몸을 말리면서 죽어 갔다. 그러던 어느 날, 역시나 상사병으로 여위어 가던, 람누스에 사는 샘의 요정 하나가 신들께 기도를 드렸다. “바라건대 나르키소스로 하여금 사랑이 무엇인지 알게 하시고, 사랑의 보답을 받지 못하는 것이 얼마나 비참한 일인지 깨닫게 해 주소서.” 요정의 응어리진 기도를 들어준 이는 저 가차 없는 복수의 여신 네메시스였다. 람누스의 산속에는 아주 맑은 샘이 하나 있었다. 물이 어찌나 맑았던지 숲 속의 짐승들도 그곳으로는 가지 않았으며 낙엽이나 나뭇가지도 그 샘만은 더럽히지 않았다. 어느 날, 사냥에 지친 나르키소스가 더위와 갈증에 쫓겨 그 샘가를 찾았다. 물을 마시려고 몸을 구부리다가 나르키소스는 수면에 비친 제 모습을 보았다. 빛나는 두 눈, 어깨까지 내려온 황금빛 고수머리, 통통한 장밋빛 뺨, 상아같이 흰 목, 반쯤 벌어진 붉은 입술, 나르키소스는 그만 그 아름다운 모습에 넋을 잃고 말았다. 한 번도 제 모습을 본 적이 없었던지라 나르키소스는 그것이 제 얼굴인 줄을 까맣게 몰랐던 것이다. 샘 속의 요정이려니 생각한 나르키소스는 자기도 모르게 입술을 수면 가까이 가져갔다. 그러고는 그 사랑스러운 몸을 끌어안으려고 두 팔을 물속에 담그었다. 그러자 요정은 감쪽같이 사라져 버렸다. 그런가 싶더니 당황한 나르키소스가 어쩔 줄 몰라 하는 동안에 어느새 다시 나타나 나르키소스의 가슴에 불을 질렀다. 나르키소스는 샘가를 떠날 수 없었다. 먹는 것도 자는 것도 잊고 수면에 비친 제 모습만 바라보았다. 자신을 사모했던 수많은 요정들처럼 나르키소스 또한 이루어질 수 없는 사랑의 열병으로 홀로 여위어 갔다. 나르키소스는 마침내 샘가에서 죽고 말았다. 대신 그 자리에, 가운데는 자줏빛이고 가장자리는 하얀 한 송이 꽃이 피었다. 그 이름은 수선화(narcissus)였다.

## 정신분열증과 나르시시즘

　정신분열증 환자에게는 두 가지 뚜렷한 특징이 있다고 한다. 바깥 세계로부터의 철저한 이탈과 과대망상이 그것이다. 그들은 끝없이 자신의 내면 속으로 기어들어가며 바깥의 세계―다른 사람들이나 사물, 자연 등에는 아무런 관심도 느끼지 못한다. 자신의 온 마음을 오직 하나, 자기 자신에게만 쏟게 되고 이윽고 과대망상에 빠져드는 것이다. 이러한 정신분열증을 정신분석학에서는 '극단적인 나르시시즘의 상태'로 파악한다. 나르시시즘은 물에 비친 제 얼굴에 반해 슬픈 죽음을 맞는 나르키소스(영어명은 나르시소스, 프랑스명은 나르시스)의 이름을 딴 것이다.

　나르시시즘이란 자기를 사랑의 대상으로 삼고 그것에 도취되는 심리 상태를 말하며, 자기애(自己愛)라고도 한다. 우리가 말하는 공주병, 왕자병을 가진 사람도 일종의 '나르시시스트(Narcissist)'라고 할 수 있다. 나르시시즘이라는 용어를 제일 먼저 쓴 사람은 1899년 독일의 정신과 의사인 폴 네케였다. 네케가 말한 나르시시즘이란 일종의 성적 도착 심리, 즉 스스로의 육체에 대해 성적인 충동을 느끼는 이상 심리를 가리킨다. 나르시시즘이라는 말은 사실 전설 자체를 더 깊이 연구해 보면 단지 자기애만을 가리키는 말은 아니다. 자기애에 곁들여진 '관음적 쾌락'이 나르시소스의 마음속에는 곁들여져 있었던 것이다. 그는 '물을 통해서 비친' 자기를 보고 반했다. 물은 훌륭한 차폐물의 역할을 했으며, 그것을 통해서 '엿보는 쾌감' 속에서 그는 자기를 사랑하게 되었던 것이다. 이렇게 무언가를 엿보는 데서 쾌감을 얻는 심리 현상을 심리학에서는 관음증(觀淫症)이라고 부른다. 사실 현대 문화는 관음증의 문화라고 해도 과언이 아니다. 관음증은 간접적인 방법으로 성적인 만족을 얻는다는 점에서 현대의 모든 예술이나 생활양식에 그 개념을 두루 적용하고 있다. 무대에서 행해지는 연극이나, TV, 영화, 사진예술, 패션, 미술 등이 모두 관음증적 만족을 겨냥하고 만들어지기 때문이다. 꼭 선정적인 춘화도나 도색영화만이 아니라, 사랑을 소재로 한 모든 영화나 연극에서 우리는 엿보는 쾌감을 경험하곤 한다. 대중 잡지의 기사에는 연예인들의 사생활 추적이 큰 몫을 차지하고 있는데, 그런 기사를 보면서 느끼는 재미도 일종의 관음증이다. 그래서 연극이론에서는 연극을 보는 심리를 관음증에 기초하여 설명하곤 한다. 관객은 어두운 관객석에서 자신의 정체를 숨기며 환하게 드러나 보이는 무대를 마음껏 훔쳐볼 수 있기 때문이다. 관음증은 또 차를 타고 가며 차창 밖을 내다보면서 느끼는 즐거움이나 고층 건물의 스카이라운지 같은 데서 창 옆 좌석에 앉아 바깥을 내려다볼 때 느끼는 쾌감, 낯선 곳을 여행하는 즐거움 등에도 해당된다. '나'의 정체를 숨기고 '남'을 엿볼 수 있다는 것은 역시 기묘한 쾌감일 것이다. 관음증과 짝을 이루는 것이 바로 노출증(exhibitionism)이다. 마치 사디즘(sadism)이 마조히즘(masochism)을 전제로 하는 개념이듯이, 관음증적 만족을 얻기 위해서는 자신을 남에게 노출시키면서 쾌감을 느끼는 사람이 필요하기 때문이다. 때때로 연예인들이 자신의 스캔들을 일부러 확대 선전하여 대중의 인기를 노리는 것 같은 느낌을 받을 때가 많다. 이런 경우 '엿보는 쾌감'과 '드러내는 쾌감'의 주고받기가 이루어지는 경우라고 볼 수 있다. 무대예술을 하는 이들이 느끼는 예술적 성취감 역시 노출증과 연계되어 있다. 어떤 패션모델이 패션쇼에 출현할 때마다 황홀한 성적 오르가슴을 느낀다고 고백하는 것을 들은 일이 있다. 여기에서 한 여자 패션모델의 '드러내기' 심리와 한 남자의 '엿보기' 심리를 엿볼 수 있다. 특히나 요즘은 자세히 뜯어봐서 예쁜 고전적인 미녀나 미남이 되는 것보다는, 우선 노출이 많고 요란한 차림으로 남의 눈에 띄고 보자는 심리가 젊은 남녀들의 복식 또는 치장심리를 지배하고 있다. 일종의 노출증을 즐기는 심리인데, 예전보다 좀 더 당당하게 그런 쾌감을 즐긴다는 것은 바로 '쾌락의 민주화' 또는 '미의 민주화'가 이루어져 가고 있는 증거가 아닐까? 이런 현상이 사치풍조나 퇴폐풍조만은 아닐 것이다. 그보다는 오히려 우리나라도 이젠 어느 정도 국민소득이 높아져서, '평등하게 먹는 문제'만큼이나 '평등하게 미적·성적 쾌감을 추구하는 문제'가 중요시되는 민주사회로 나가고 있는 증거라고 본다.

# 나르시시즘적 인간

나르키소스는 스틱스 강(저승을 감싸고 흐르는 강, 죽은 이들의 혼이 이 강을 건너 저승으로 간다)을 건너면서도 강물에 비친 제 모습을 보려고 뱃전에서 몸을 구부렸다고 한다.

자신에 대한 지나친 애착은 분명히 바람직하지 못한 것이다. 그러나 생물학적인 관점에서 보면 나르시시즘은 그 나름의 긍정적인 의의를 가지고 있다. 만일 인간이 자기 자신의 요구와 목적을 다른 사람의 그것보다 우선해서 생각하지 않는다면 생존 자체가 불가능할 것이다. 그래서인지 모든 사람은 다 어느 정도는 나르시시즘을 가지고 있다. 그런데 인간은 생물학적 존재일 뿐만 아니라 더욱 본질적으로 사회적인 존재이다. 생물학적인 필요를 넘어서는 정도의 나르시시즘은 사회적 존재로서의 자신을 위협하게 된다. 문제는 균형이다. 그 아슬아슬한 균형이 깨어지면서 가볍게는 좀 우스꽝스러운 자기도취가, 무겁게는 정신분열증이 일어난다. 자신의 요구와 소망을 과대평가하고 앞세운다는 점 때문에 나르시시즘은 이기주의와 가끔 혼동된다. 이기적인 사람은 자신의 이익을 위해 다른 사람들에게 손해를 끼치거나 다른 사람을 이용한다. 하지만 있는 그대로의 자신과 객관 세계를 주관적으로 왜곡하지는 않는다. 자신의 목적을 이루기 위해 오히려 다른 사람보다 더 냉정하고 객관적이라 할 수 있다. 그러나 나르시시즘적인 사람은 객관적인 '이익'이 아니라 주관적인 '만족감'을 구하기 때문에 아무런 이익이 없는 일에도 집착할 수 있다. 요컨대 자기 자신과 바깥 세계를 자기 마음대로 왜곡하는 게 이기주의와는 구별되는 나르시시즘의 특징이다. 따라서 나르시시즘적인 사람은 자신을 미화하게 되고 자신의 결점이나 한계를 볼 수 없게 된다. 별다른 재능도 없이 자신을 대단한 존재로 여기는 나르시시스트는 곧 주위 사람들에게서 '좀 웃기는 사람'이라는 평가를 받게 된다. 그런데 에리히 프롬은 "나르시시즘은 여러 가지 가면을 쓰고 있다"라고 논파했다. 뻔뻔스럽고 거만한 인물뿐만 아니라 겉으로 보기에 단정하고 겸손하며 신중한 사람들 중에도 나르시시스트가 많이 있다는 말이다. 그런 사람들은 자신이 지닌 덕목에 자부심을 가짐으로써 나르시시즘을 만족시킨다고 한다. 프롬은 다음과 같은 이야기로 그런 유형의 예를 들었다.

어떤 남자가 임종을 앞두고 있었다. 많은 친구들이 그가 누워 있는 침대 곁에 모여 평소 그의 행동과 처신을 칭찬했다. "얼마나 학식이 풍부하고, 얼마나 지성적이며, 얼마나 친절하고 얼마나 생각이 깊은 사람이었는가 말이야……." 죽어 가던 그 사람이 친구들의 말이 끝나자 화를 벌컥 내며 소리쳤다. "겸허함이 빠졌잖은가!"

나르시시즘적인 사람은 다른 사람들로부터 자신이 기대한 칭찬을 받는 데 성공하면 더없이 행복해한다. 그러나 다른 사람들을 납득시키는 데 실패하면, 즉 나르시시즘에 구멍이 뚫리면 마치 바람 빠진 풍선처럼 위축되고 만다. 또 제어할 길 없는 격분에 사로잡힌다. 나르시시즘에 상처를 받으면 우울증이나 증오심이 생겨나는 것이다. 이런 특성과 관련하여 프롬은 특히 '집단적인 나르시시즘'의 위험을 심각하게 경고했다. 어떤 한 개인이 "나는 모든 사람들 가운데서 가장 깨끗하고 가장 현명하고 가장 유능하다"라고 주장한다면 그는 당장 웃음거리가 될 것이다. 그러나 그 '나'가 '내가 속한 단체, 집단, 지역, 종교, 국가, 민족'으로 대치되면 상황이 달라진다. '우리들만이 진리의 소유자'이고 '우리 종교만이 구원에 이르는 유일한 길'이며 '우리 민족이 세계에서 가장 강력하고, 가장 문화적이며, 가장 평화를 사랑하고, 가장 재능이 뛰어난 민족'이라는 주장이 실제로 공공연하게 펼쳐지고 있다.

그러나 이 집단적 나르시시즘 앞에서는 아무도 한 우스꽝스런 개인 앞에서 했던 것처럼 쉽사리 웃지 않는다. 섣불리 비판했다간 되레 큰 봉변을 당할 수도 있다. 집단적 나르시시즘이 가장 위력을 떨칠 때는 전쟁 때—열전이건 냉전이건—이다. '우리 국민은 선량하고 평화를 사랑하며 인도적인데 적군은 사악하고 이중적이며 잔혹하다. 우리는 자유와 정의의 투사인데 적군은 악의 화신들이다'는 식이다. 정치가들에 의해 조작되거나 선동되기 일쑤인 이런 집단적 나르시시즘은 극단적인 배타와 광신, 증오를 낳고 자신의 의견에 동조하지 않는 사람을 말살하려는 광증을 낳는다. 그래서 프롬은 집단적인 나르시시즘을 '이성을 잠재우는 치명적인 독약'이라고 갈파했다.

이렇게 볼 때 나르시스가 생기는 원인은 정신적인 미성숙 때문임을 알 수 있다. 나르시스적인 상태를 벗어나기 위해서는 우리 젊은이들이 왕자병, 공주병에서 벗어나 남들에게 존경받고 남들을 다스릴 수 있는 진정한 왕자, 공주가 되려면 거지왕자나 소공녀가 겪은 것과 같은 고통의 길로 스스로 뛰어드는 용기가 필요하다. 그래야 남과 자기 현실을 객관적으로 파악하고 대처할 수 있는 힘과 지혜를 얻을 수 있을 것이다.

# 제13장
## 시지프스와 인간의 운명

# 가장 현명한 인간 시지프스

　시지프스는 바람의 신인 아이올로스와 그리스인의 시조인 헬렌 사이에서 태어났다. 호머가 전하는 바에 따르면 시지프스는 '인간 중에서 가장 현명하고 신중한 사람'이었다고 한다.

　그러나 신들의 편에서 보면 엿듣기 좋아하고, 입이 싸고, 교활할 뿐 아니라 신들을 우습게 여긴다는 점에서 심히 마땅찮은 인간으로 일찍이 낙인찍힌 존재였다.

　도둑질 잘하기로 유명한 전령신 헤르메스는 태어난 바로 그날 저녁에 강보를 빠져나가 이복형인 아폴론의 소를 훔쳤다고 한다.

　그는 떡갈나무 껍질로 소의 발을 감싸고, 소의 꼬리에다가 싸리 빗

자루를 매달아 땅바닥에 끌리게 함으로써 소의 발자국을 감쪽같이 지웠다. 그러고는 시치미를 뚝 떼고 자신이 태어난 동굴 속의 강보에 돌아가 아무것도 모르는 갓난아기 행세를 했다.

그런데 헤르메스의 이 완전 범죄를 망쳐 놓은 인간이 있었으니 바로 시지프스였다.

아폴론이 자신의 소가 없어진 것을 알고 이리저리 찾아다니자 시지프스가 범인은 바로 헤르메스임을 일러바쳤던 것이다. 아폴론은 헤르메스의 도둑질을 제우스에게 고발하였고 이 일로 시지프스는 범행의 당사자인 헤르메스뿐만 아니라 제우스의 눈총까지 받게 되었다. 도둑질이거나 말거나 여하튼 신들의 일에 감히 인간이 끼어든 것이 주제넘게 여겨졌던 것이다.

그 일로 말미암아 가뜩이나 눈 밖에 나 있던 차에 뒤이어 시지프스는 더욱 결정적인 괘씸죄를 저지르게 된다.

어느 날 시지프스는 제우스가 독수리로 둔갑해 요정 아이기나를 납치해 가는 현장을 목격하게 되었다.

잠시 궁리한 끝에 시지프스는 아이기나의 아버지인 강신(降神) 아소포스를 찾아갔다. 딸 걱정에 한숨을 내쉬고 있는 아소포스에게 시지프스는 자신의 부탁을 하나 들어준다면 딸이 있는 곳을 가르쳐 주겠노라 했다. 시지프스는 그때 코린토스를 창건하여 다스리고 있었는데 물이 귀해 백성들이 몹시 고생을 하고 있었다.

그러니 코린토스에 있는 산에다 마르지 않는 샘을 하나 만들어 달라는 게 시지프스의 청이었다.

물줄기를 산 위로 끌어올리는 게 쉬운 일은 아니었지만 어쨌거나 딸을 찾는 게 급했던 터라 아소포스는 시지프스의 청을 들어주기로 했다. 시지프스는 그에게 제우스가 아이기나를 납치해 간 섬의 위치를 가르쳐 주었고 아소포스는 곧 그곳으로 달려가 딸을 제우스의 손아귀에서 구해 냈다.

자신의 떳떳하지 못한 비행을 엿보고 그것을 일러바친 자가 다름 아닌 시지프스임을 알아낸 제우스는 저승사자 타나토스(죽음)에게 당장 그놈을 잡아오라고 명령했다.

그러나 제우스가 어떤 식으로든 자신에게 보복하리라는 걸 미리 헤아리고 있던 시지프스는 타나토스가 당도하자 그를 쇠사슬로 꽁꽁 묶어 돌로 만든 감옥에다 가두어 버렸다. 명이 다한 사람을 저승으로 데려가는 저승사자가 묶여 있으니 당연히 죽는 사람이 없어졌다.

명계의 왕 하데스가 이 어처구니없는 사태를 제우스에게 고했고 제우스는 전쟁신 아레스를 보내 타나토스를 구출하게 했다. 호전적이고 잔인하기 이를 데 없는 아레스에게 섣불리 맞섰다간 온 코린토스가 피바다가 될 것임을 알고 시지프스는 이번엔 순순히 항복했다.

그런데 타나토스의 손에 끌려가면서 시지프스는 아내 멜로페에게 자신의 시신을 화장도 매장도 하지 말고 광장에 내다 버릴 것이며 장례식도 치르지 말라고 은밀히 일렀다. 저승에 당도한 시지프스는 하데스를 알현하는 자리에서 이렇게 읍소했다.

"아내가 저의 시신을 광장에 내다 버리고 장례식도 치르지 않은 것은 죽은 자를 수습하여 무사히 저승에 이르게 하는 이제까지의 관습을 조롱한 것인즉 이는 곧 명계(冥界)의 지배자이신 대왕에 대한 능멸이니 제가 다시 이승으로 가 아내의 죄를 단단히 물은 후 다시 오겠습니다. 저에게 사흘간만 말미를 주소서."

시지프스의 꾀에 넘어간 하데스는 그를 다시 이승으로 보내 주었다. 그러나 시지프스는 그 약속을 지키지 않았다. 영생불사하는 신이 아니라 한번 죽으면 그걸로 그만인 인간인 그로서는 이승에서의 삶이 너무도 소중했던 것이다. 하데스가 몇 번이나 타나토스를 보내 을러대기도 하고 경고도 했지만 그때마다 시지프스는 갖가지 말재주와 임기응변으로 체포를 피했다.

그리하여 그는 그 후로 오랫동안을 "천천히 흐르는 강물과 별빛이 되비치는 바다와 금수초목을 안아 기르는 산과 날마다 새롭게 웃는 대지" 속에서 삶의 기쁨을 누렸다.

그러나 아무리 현명하고 신중하다 한들 인간이 어찌 신을 이길 수 있었으랴. 마침내 시지프스도 타나토스의 손에 끌려 명계로 갈 수밖에 없었다. 명계에선 가혹한 형벌이 그를 기다리고 있었다.

하데스는 명계에 있는 높은 바위산을 가리키며 그 기슭에 있는 큰 바위를 꼭대기까지 밀어 올리라고 했다. 시지프스는 온 힘을 다해 바위를 꼭대기까지 밀어 올렸다.

그러나 바로 그 순간에 바위는 제 무게만큼의 속도로 굴러 떨어져 버렸다. 시지프스는 다시 바위를 밀어 올려야만 했다. 왜냐하면 하데스가 "바위가 늘 그 꼭대기에 있게 하라"라고 명령했기 때문이었다. 그리하여 시지프스는 "하늘이 없는 공간, 측량할 길 없는 시간"과 싸우면서 영원히 바위를 밀어 올려야만 했다.


## 카뮈의 『시지프스의 신화』


살다 보면 문득 도대체 내가 무엇 때문에 살고 있는지, 왜 살아야 하는지 회의가 들 때가 있다. 갑자기 세상이 낯설고 삶이 무의미하게 느껴지는 것이다. 어떤 사람은 이런 상황을 견디지 못하고 자살을 하기도 한다.

그러나 자살이 과연 최선의 선택일까? 소설 『페스트』와 『이방인』의 작가로 널리 알려진 알베르 카뮈는 자살은 나약하고 비겁한 선택일 뿐이라고 잘라 말한다.

카뮈는 자신의 에세이집 『시지프스의 신화』(1943)에서 이 문제에 대해 깊이 있는 철학적 성찰을 보여 주고 있다. 여기서 그는 삶이 원래 부조리한 것이며, 부조리(不條理)한 삶에 대처하는 올바른 방법은 당당히 맞서 '반항'하는 것이라 주장한다.

부조리란 인생에서 삶의 의의를 찾을 희망이 전혀 없는 절망적인 한계 상황을 말하며, 카뮈의 부조리 철학에 의해 알려진 용어이다.

『시지프스의 신화』는 카뮈의 삶에 대한 철학적 성찰이 잘 드러나 있는 에세이집이다. 전체 네 개의 장으로 이루어져 있다.

첫째 장은 '부조리와 추론'이고 둘째 장은 '부조리한 인간', 셋째 장은 '부조리한 창조' 그리고 넷째 장은 '시지프스의 신화'이다. 여기서 카뮈는 "자살이 부조리한 삶에 대한 해답이 될 수 있는가?"라는 질문을 던지고 있다.

그러면 책의 주요 내용을 알아보자. 바쁜 일상 속에서 어느 날 갑자기 나를 둘러싸고 있는 주변 세계가 낯설게 느껴질 때가 있다. 이렇게 나를 둘러싼 세계와 사람들이 낯설게 느껴지면서, 처음으로 나 자신이 세계를 이해할 수 없음을 깨닫게 된다.

인간은 이 세계에 대해 알기 위해 노력하지만 결국엔 아무것도 알아내지 못한 채 죽을 수밖에 없는 운명이다. 이 사실을 깨닫는 순간 인간은 삶의 부조리함에 눈을 뜨게 된다. 카뮈는 우리가 평소 바쁜 일상에 묻혀 아무 생각 없이 살기 때문에 깨닫지 못하고 있을 뿐, 원래 삶이란 부조리한 것이라고 지적한다.

그런데 부조리를 체험한 다음에는 삶이 무의미하다고 느낀다. 인간이란 어떤 일을 하건, 어떤 노력을 기울이건 간에 결국에는 허무한 죽음을 맞아야 하는 존재이다. 그런데 더 살아서 무엇하겠는가? 그리하여 자살하는 사람들이 나타난다.

그러나 카뮈는 삶이 무의미하다고 자살을 택하는 사람은 나약하고 비겁한 사람이라고 말한다. 그것은 문제가 생겼을 때 비겁하게 도망하는 것과 같은 행위일 뿐이다.

육체적 자살 말고 종교에 의지해서 모든 것을 하늘에 맡긴 채 부질없는 희망을 갖는 정신적 자살도 비겁하긴 마찬가지다. 그렇다면 삶에 대처하는 올바른 방법은 무엇인가?

카뮈는 삶을 피해 도망가지 않고 그것에 정면으로 맞서는 '반항'이 유일한 해답이라고 충고한다.

인간은 삶의 부조리함을 깨닫는 순간, 이제까지 자신의 삶에 거짓된 목적과 가치를 주었던 모든 관습과 편견의 멍에로부터 벗어나 절대적인 자유를 누릴 수 있게 된다.

'미래'나 '희망'이라는 말은 더 이상 아무런 의미가 없다. 이제 영원히 '현재'만 중요한 의미로 남는다. 그리하여 이제부터는 '깨어 있는' 의식으로 삶에 정면으로 맞서 매 순간 충실한 삶을 사는 것이 그의 이상이 된다.

삶의 부조리함을 깨달은 사람에게 승리나 패배 같은 가치 평가는 아무런 의미가 없기 때문이다. 카뮈는 부조리한 삶에 대처하는 진정한 삶의 모습으로 신화에 나오는 시지프스를 이야기한다.

시지프스는 반항하는 인간, 진정으로 자유로운 인간의 전형이다. 시지프스는 신 중의 신인 제우스 신을 모독했다는 죄로, 커다란 바위를 산꼭대기로 굴려 올리라는 벌을 받았다.

그러나 죽을힘을 다해 산꼭대기에 올려놓은 바위는 곧 그 자체의 무게 때문에 다시 땅으로 굴러 떨어졌다.

결국 시지프스는 아무런 대가도 희망도 없는 부질없는 노동을 해야 했다. 그럼에도 시지프스는 이 부질없는 노동에서 벗어나기 위해 신들에게 매달려 사정하거나 스스로 목숨을 끊거나 하지 않았다.

물론 그는 자신이 하는 일이 얼마나 무의미한 것인지 의식하고 있었다. 그런데도 그는 그 운명을 당당하게 받아들이고 거기에 맞선다. 이것이야말로 진정한 삶의 모습인 '반항'이다.

카뮈는 태어날 때부터 한계를 갖고 있는(부조리한 삶을 살게 되어 있는) 인간이 '깨어 있는 의식'을 가지고 자신의 의지에 따라 최선을 다해 살아갈 때, 그는 주어진 운명보다 위대해진다고 말한다.

카뮈의 말대로 시지프스처럼 운명을 거부하고 부조리한 삶에 맞서는 사람이 진정한 자기 삶의 주인이라 할 수 있을 것이다.

즉 시지프스 신화가 우리에게 준 메시지는 인생의 허망함을 보여

줌과 동시에 신(神)이 인간에게 준 운명에 굴복하지 않고 쉼 없이 노
력하는 '인간의 삶의 자세'이다.

# 제14장
## 에로스와 프시케

그리스어로 ‘프시케(psyche)’라는 말은 ‘나비’라는 뜻이고 ‘정신, 마음’이라는 뜻도 있다. 이 전설은 신화라기보다는 오히려 사랑과 마음이 하나가 되기 위해서는 어떻게 해야 하는가 하는 철학적, 윤리적 문제를 이야기로 꾸며 놓은 것이라고 볼 수도 있다.

사랑의 신 에로스의 속성은 고대와 알렉산드리아, 로마 시대 사이에서 형성되었다. 최초의 신통계보에 따르면 에로스는 태초에 카오스에서 직접 태어났다. 초기에는 아무런 특징이 없이 테스피아에서 숭배되었다. 다른 전설에 의하면 에로스는 밤의 소생으로 알에서 태어나 스스로 둘로 갈라졌는데, 하나는 땅이 되고 다른 하나는 하늘이 되었다고 한다. 그 외에도 에로스의 탄생에 관한 이야기는 많이 있다. 에로스는 언제나 이 세상의 근본적 힘이 되어서 종족의 존속과 우주의 내적 친화력을 보장하는 본질을 상징하는 속성이 일반적이고 공통된 속성이다. 우주의 창조에 관한 견해를 말할 때나 철학자, 시인들은 모두 이 점을 늘 염두에 두고 있었다.

플라톤의 『향연』에서 마티네아(Matinea)에서 온 여제관 디오티마는 에로스를 신과 인간의 중간쯤에 해당하는 괴물이라고 설명하고 있다. 그 이유는 에로스가 편의의 신 포로스와 빈곤의 신 페니아 사이에서 태어나서, 그의 부모의 특징들을 얼마간은 가지고 있기 때문이라는 것이다. 에로스는 빈곤처럼 언제나 무엇인가를 바삐 찾아다니고, 편의처럼 그것을 얻는 방법을 찾아낼 수 있다고 한다. 그러나 무엇이든지 해낼 수 있는 능력을 갖춘 신임에도 불구하고 에로스는 언제나 불만에 차 있고, 그래서 휴식을 취하지 못하는 속성을 가지고 있는 것으로 생각되었다.

에로스의 탄생에 대해서는 신족보마다 다르다. 헤르메스가 아버지이고 어머니가 아프로디테인 경우가 일반적으로 알려져 있다. 시인이나 조각가들이 즐겨 묘사하는 날개 달린(혹은 날개가 없는 경우도 있다) 에로스는 인간들의 마음에 화살을 쏘아 상처를 입히고 괴롭히는 어린애의 모습으로 곧잘 묘사되기도 한다. 그의 공격 대상에는 제한이 없다. 에로스와 관련된 여러 가지 정황들을 종합해 보면 대개는 그의 철없는 행동 때문에 막강한 위력을 가진 신들도 치명적인 상처를 입게 된 경우가 많다. 예를 들면 헤라클레스, 아폴론, 제우스 대신, 심지어는 그의 어머니 아프로디테까지도 에로스의 화살을 맞고 고통을 당해야 했다. 그의 철없는 행동 때문에 어머니인 아프로디테의 벌을 받는 경우도 있었다. 일반적으로 알려진 에로스와 관련된 이야기 가운데 가장 유명한 것이 프시케의 사랑 이야기다.

옛날 어느 왕에게 예쁜 딸이 셋 있었다. 셋이 다 아름다운 처녀들이었으나 그중에서도 막내딸은 미의 여신 아프로디테 못지않게 아름답다고 온 세상 사람들이 감탄할 정도였다. 이 처녀 이름이 프시케. 아름다운 프시케를 보려고 모여드는 사람들이 날로 많아졌다. 자연히 미의 여신 아프로디테의 사당을 찾는 사람들이 적어지고 드디어는 사당이 폐허가 될 지경이었다. 그러니 아프로디테 여신이 화가 날 만도 하였다. 생각다 못해 아프로디테 여신은 사랑의 신인 아들 에로스를 찾아가서 프시케로 하여금 이 세상에서 가장 천하고 추악한 남자를 사랑할 수밖에 없게 해 달라고 부탁했다. 그렇게 되면 아무리 아름다운 처녀라 할지라도 사람들의 조롱거리밖에 될 수 없었기 때문이었다. 사람을 미치도록 사랑하게 하거나 무관심하게 하는 것이 에로스의 재주인지라 어머니의 청을 들어주기로 했다. 어머니 아프로디테 여신은 프시케가 누구인지 가르쳐 주고는 그 자리를 떠났다. 그런데 프시케를 보는 순간 에로스는 자신도 그녀의 아름다움에 반해 정신을 잃고 말았다. 그 뒤 프시케는 어느 인간에게도 관심을 갖지 않게 되었다. 프시케보다 못한 두 언니들은 다 훌륭한 왕에게로 시집을 갔는데 프시케만은 아름답다고 칭찬만 할 뿐 아무도 아내로 삼겠다는 사람이 없었다. 걱정 끝에 그녀의 아버지는 아폴론 신전에 가서 프시케의 운명을 알아보기로 했다. 신탁은 끔찍한 것을 일러 주었다. 프시케에게 수의를 입혀 바위산 꼭대기에 놔두면 그녀의 신랑감이 그녀를 찾아올 것이라는 것이다. 그리고 그 신랑감은 신들도 맞설 수 없을 만큼 힘이 센, 날개 달린 무서운 뱀이라는 것이다. 프시케나 그 부모들도 무섭고 슬프지만 어쩔 수 없었다. 프시케는 너무 예쁘게 태어나서 신들의 노여움을 사게 된 것이 잘못일 뿐이라고 체념하고 신탁의 지시대로 하기로 했다.

어둠에 쌓인 산꼭대기에서 앞으로 다가올 자기의 운명을 기다리고 있는데 서풍 제피로스가 불어오더니 프시케를 안아다가 꽃향기 그윽한 풀밭에다 내려놓았다. 어느새 잠이 들었던지 깨어 보니 어느 강가에 누워 있고 둑에는 금은보석으로 장식된 휘황찬란한 큰 저택이 있었다. 그 저택에 가까이 가자 아무도 보이지는 않는데 또렷한 말소리로 이 집은 당신의 집이니 놀라지 말고 집 안에 들어와 편히 쉬라고 했다. 목욕, 식사 등 프시케가 생각하고 시키기만 하면 무엇이든지 그대로 준비되어 나왔다. 낮에는 늘 혼자 있었으나 밤이면 옆에 남자의 감촉을 느낄 수가 있고 부드럽고 달콤한 속삭임도 들을 수 있었지만 볼 수가 없었다. 이러는 것이 못내 아쉬웠지만 신랑이 무서운 뱀이 아니고 자기가 지금까지 기다렸던 연인이요, 남편임에 틀림없다고 생각했다.

이렇게 살아가던 어느 날 밤이었다. 남편은 심각한 어조로 다음 날 낮에 프시케가 처음 수의를 입고 신랑을 기다리던 그 바위산에 언니들이 나타날 것인데, 이들의 눈에 띄지 않게 하라는 것이었다. 만일 두 언니들을 만나면 프시케나 자기에게 슬픈 일이 일어날 것이라고 했다. 그러나 언니들을 만나고 싶은 마음을 억제할 수가 없었다. 밤이 되어 남편이 다시 나타나자 언니들을 만날 수 있도록 허락해 달라고 사정했다. 남편은 할 수 없이 승낙하고 말았다.

그러나 언니들을 만나되 자기의 얼굴을 보는 날에는 두 사람이 다 헤어지게 될 것이니 어떠한 말을 듣더라도 자기의 얼굴을 볼 생각은 하지 말라고 간곡히 당부하는 것이었다. 다음 날 아침 프시케는 두 언니들을 만났다. 두 언니들은 프시케가 사는 곳으로 안내되었다. 값진 보석으로 장식된 으리으리한 집이며 상상도 못했던 성찬이며, 달콤한 음악 그리고 얼굴을 보여 주지 않고 밤에만 나타난다는 신랑은 두 언니들의 질투심과 호기심을 자극하기에 충분했다. 프시케는 두 언니들을 만나 이야기하고 여러 가지 소식도 듣는 것이 즐겁기만 했다. 밤에 돌아온 신랑은 다시는 언니들을 만나지 말라고 했다. 그들 둘이 헤어져야 하는 불행을 겪게 될 것이기 때문이라고 했다. 그러나 그럴수록 언니들을 만나고 싶었다. 심술이 난 두 언니들은 마침내 동생의 행복을 깨뜨려 버릴 책략을 꾸몄다. 프시케가 아직도 신랑의 얼굴을 보지 못한 것을 보면 신랑은 아무래도 신탁에서 말한 대로 날개 달린 무서운 뱀으로, 언젠가는 프시케를 잡아먹을지도 모른다고 겁을 주었다. 언니들은 잠자리 옆에 칼과 등불을 숨겨 두었다가 신랑이 잠든 뒤에 등불을 켜고 신랑을 칼로 찔러 죽이고 도망쳐 나오라고 일러 주었다. 그날 밤에 신랑이 잠들자 프시케는 손에 칼을 들고 등불을 켜서 신랑의 얼굴을 비쳐 보았다. 그러나 괴물이기는커녕 아름답기 그지없는 미소년이 아닌가. 황홀감에 젖어 프시케는 정신없이 신랑을 내려다보고 있는데 등불의 뜨거운 기름이 한 방울 신랑의 어깨에 떨어지고 말았다. 깜짝 놀라 깨어난 신랑은 프시케의 행동에 실망을 금할 수 없었다. 신랑은 "믿음이 없는 곳에 사랑이 있을 수 없다"는 말을 남기고 흔적도 없이 사라지고 말았다.

신랑은 다름 아닌 에로스였다. 에로스는 뜨거운 기름에 덴 어깨의 상처를 치료하려고 어머니 아프로디테 여신을 찾아갔다. 아들의 이야기를 들은 아프로디테는 화가 나서 아들의 간호도 해 주지 않고 프시케를 찾아 나섰다. 남편을 잃은 프시케는 신들을 찾아가 잃어버린 사랑을 되돌리려고 노력했으나 신들은 아프로디테 여신의 원망을 들을까 봐 도와주지 않았다. 프시케는 아프로디테 여신을 직접 찾아가 속죄하기로 결심했다. 여신은 프시케에게 참을 수 없는 고통을 주어 그녀의 아름다움을 없애 버릴 생각으로 몇 가지 시련을 부과했다. 첫째, 보리·조·양귀비 씨앗을 산더미처럼 쌓아 놓고 밤이 되기 전에 각각 따로 씨앗을 골라내라는 것이었다. 이 일은 개미 떼들이 모여들어

낟알을 종류대로 골라 주었다. 다음으로 여신은 강둑 숲이 우거진 곳에 사는 황금 털이 난 양의 털을 베어 오라는 것이었다. 강둑에 가 보니 황금 양의 털을 베어 오는 것은 불가능한 일이었다.

그런데 때마침 어디서 소리가 들려 말하기를 양들이 숲에서 강가로 내려와 물을 마시고 쉬었다 돌아가면 숲 속 찔레나무에 양털이 많이 걸려 있을 테니 그때 황금 양털을 모아다가 가져가면 된다고 일러 주었다. 그래서 이 일도 쉽게 해결할 수가 있었다. 다음에는 스틱스 강으로 흘러들어가는 폭포의 물을 병에다 가득 넣어 오라는 것이었다. 이 일은 독수리가 와서 도와주었다. 다음에는 지하 망령세계의 왕비 페르세포네를 만나 미(美)를 조금 얻어 상자에 담아 오는 것이었다. 이번에는 길가에 있는 탑이 방법을 가르쳐 주었는데, 프시케는 스틱스 강가의 나룻배 뱃사공에게 돈을 주고 건너가서, 페르세포네의 궁전을 지키고 있는 머리가 셋 달린 개, 케르베로스에게 과자를 주어 달랜 뒤, 페르세포네를 만나 미를 얻어 상자에 넣어 가지고 지상으로 되돌아왔다.

그런데 프시케는 여기에서 또 실수를 저질렀다. 여자에게서 아름다움에 대한 소망은 본능인지 자기도 조금 아름다워지고 싶어서 프시케는 그만 그 상자를 열어 보고 말았는데, 상자를 열자마자 그 자리에서 잠들고 말았다. 이때 에로스가 나타났다. 에로스는 프시케의 눈에서 잠을 닦아 내고, 잠을 그 상자 속에 다시 집어넣고 프시케를 깨웠다. 프시케는 상자에 든 잠을 아프로디테 여신에게 바쳤다. 한편 에로스는 제우스를 찾아가 그가 프시케와 다시 결합할 수 있도록 아프로디테 여신의 마음을 돌려 달라고 부탁했다. 제우스는 신들의 총회를 열고 에로스와 프시케의 결혼을 선포했다.


## 에로스의 신비


프시케는 에로스와 결혼한 뒤 여신으로 등극하게 된다. 그리스인은 육체적 사랑은 신이, 정신적 사랑은 인간이 하는 것으로 본다. 이 두 가지 인간의 행위, 즉 육체적 사랑과 정신적 사랑은 본질적으로 다른 것일까.

최근 영국 런던대의 바르텔스 교수 팀은 사랑에 푹 빠졌다고 믿는 자원자 17명을 모집했다. 그리고 이들에게 애인의 사진을 보여 주며 동시에 기능적 자기공명영상(MRI)촬영을 했다. 이때 혈류량이 증가한 뇌의 부위는 도피질, 대상회, 기저핵 그리고 소뇌였다. 도피질은 전두엽(이마엽)의 아랫부분에 파묻힌 변연계(가장자리계, 감정의 뇌)와 많은 연결을 가진 곳이다. 대상회는 전두엽에 가까운 변연계이다. 그렇다면 이런 곳들이 순수한 정신적인 사랑을 만들어 내는 부위인가. 그러나 이보다 먼저 프랑스 리옹의 스톨레루 교수 팀은 7명의 건장한 청년에게 포르노 영화를 보여 주며 양전자단층촬영(PET)을 한 적이 있다. 이때 활성화된 부분 역시 위의 경우와 거의 동일한 곳이었다.

동물과는 달리 변연계 주변부 혹은 변연계와 연관된 전두엽, 기저핵 등이 폭넓게 사용되는 것으로 볼 때 아마도 인간의 육체적인 욕망조차 동물의 감정보다 더 복잡하고 고상한 행위일 수도 있다. 하지만 순수하고 영원한 사랑을 꿈꾸는 사람들에게 위의 결과는 의아하게 생각된다. 애인을 바라볼 때와 포르노를 볼 때 활성화되는 뇌의 부위가 동일하다면 인간에게 있어 정신적 사랑과 육체적 사랑의 구분이란 무의미한 것인가. 우리들이 흔히 매료되는 단 한 번의 진실한 사랑이란 단지 허구에 불과한 것일까. 그러나 이와 같은 몇몇 실험 결과만을 갖고 어떤 결론을 내리기는 이르다. 인간의 미묘한 감정을 구분하기에 아직 우리의 기술 수준이 미치지 못하고 있을 가능성이 크다.

# 제15장
## 고사성어들

# 카산드라의 예언

카산드라는 트로이의 왕 프리아모스의 딸이었다. 어느 날 아폴론이 그녀를 보고 사랑에 빠졌다. 카산드라가 좀체 반응을 보이지 않자 아폴론은 '내 사랑을 받아 준다면 내가 가진 예언력을 나누어 주겠다'고 유혹했다. 하지만 예언력을 얻은 뒤에도 카산드라는 몸을 허락하지 않았다. 그러자 화가 난 아폴론은 카산드라에게 입맞춤을 하면서 이왕에 준 예언력에서 설득력을 빼 버렸다. 이 때문에 카산드라가 아무리 신통한 예언을 해도 사람들은 그 말을 믿으려 하지 않았다. 뒷날 트로이 전쟁이 일어났을 때 카산드라는 전쟁에 원인을 제공한 파리스가 스파르타를 방문하면 트로이를 지킬 수 있다고 예언했으나 아무도 귀 기울여 듣는 사람이 없었다. 또 그리스군의 간계를 알아차리고 목마를 성안에 들여놓으면 안 된다고 알렸지만 역시 아무도 그 말을 믿지 않아 결국 트로이는 멸망하고 말았다. 사람들이 믿어 주지 않는 예언이 무슨 소용이 있을까. 그래서 겉으론 번듯한지 몰라도 현실적으로는 아무 소용도 없는 빈말을 일러 '카산드라의 예언'이라고 한다.


## 고르디우스의 매듭


소아시아 프리기아 땅에 고르디우스라는 가난한 농부가 살고 있었다. 그는 평소에 쓰는 이륜마차가 여러모로 불편해서 굴대를 하나 더 만들어 달아 사륜마차를 만들었다. 어느 날, 그는 아내와 어린 아들을 그 마차에 싣고 성안으로 나들이를 갔다. 성안으로 들어가려는 찰나, 왕궁의 대신들이 마차를 막고 머리를 조아렸다. 고르디우스가 당황하여 까닭을 물었다. "아시다시피 임금께서 아들도 남기지 않고 전사하신 탓에 왕좌가 비어 있습니다. 저희 대신들이 새로운 왕을 모시려고 의논을 한 결과, 사륜마차를 타고 제일 먼저 성안에 들어오시는 분을 왕으로 모시자고 결정했습니다. 부디 저희의 청을 거절하지 말아 주시기 바랍니다.” 이렇게 하여 왕위에 오른 고르디우스는, 이륜마차의 불편함을 그대로 보아 넘기지 않고 사륜마차를 고안해 낸 그 지혜와 성실함을 나라 다스리는 데에도 그대로 발휘함으로써 태평성대를 열었다. 그런데 신이 명한 바가 있었던지 어느 날 고르디우스 왕이 수도 고르디움 안에 있던 신전의 기둥에다 수레를 동여매었다. 이리저리 어찌나 복잡하게 동여맸던지 아무도 그 매듭을 풀 수 없었다.

고르디우스는 도무지 풀기 어려운 매듭을 두고 “이 매듭을 푸는 자가 아시아의 왕이 될 것”이라는 예언을 남겼다. 그 뒤로 한다 하는 사람은 죄다 한 번씩 매듭을 푸는 일에 달려들게 되었다. 하지만 아무도 성공하지 못했다. 그래서 사람들은 복잡하게 얽혀 있어 어떻게 해결해야 할지 알 수 없는 어려운 문제를 ‘고르디우스의 매듭’이라고 하였다. 기원전 333년, 동방 원정에 나섰던 알렉산더도 매듭이 있는 신전을 지나치게 되었다. 관례에 따라 알렉산더도 매듭이 있는 신전으로 안내를 받았다. 매듭을 이리저리 살펴본 알렉산더는 쾌도난마(快刀亂麻), 칼을 뽑아 매듭을 싹둑 잘라 버렸다. ‘콜럼버스의 달걀’과 같은 해법이었다. 고르디우스의 예언이 헛되지 않아 알렉산더는 그 뒤 아시아의 대부분을 정복했다.

# 아킬레스의 건

　치명적인 약점을 가리킬 때 흔히 쓰는 말이다. 아킬레우스는 여신 테티스와 영웅 펠레우스 사이에서 태어났다. 테티스는 아들이 태어나자마자 저승을 흐르는 강 스틱스에다 아들의 온몸을 담그는 의식을 치렀다. 스틱스의 물에 몸을 적시면 불사신이 되기 때문이었다. 그런데 테티스는 자신의 결혼식에 불화의 여신을 초청하지 않음으로써 트로이 전쟁의 원인을 제공한 여신이었다. 앙심을 품은 불화의 여신이 그 결혼식장에 나타나 '가장 아름다운 여신께'라고 쓰인 사과를 던짐으로써 헤라와 아테나, 아프로디테가 서로 자신이 '가장 아름다운 여신'임을 다투게 되었고, 그 심판을 맡았던 트로이의 왕자 파리스는 자신을 뽑아 주면 세상에서 가장 아름다운 여성을 주겠노라는 아프로디테의 유혹에 넘어가 아프로디테를 선택했으며, 아프로디테는 약속을 지키느라 이미 스파르타의 왕 메넬라오스와 결혼한 몸인 헬레네를 파리스에게 넘겨주었던 것이다.

　마침내 트로이 전쟁이 일어나 메넬라오스가 그리스 연합군을 결성하게 되자 그리스에서 으뜸가는 영웅 아킬레우스는 당연히 그에 참가해 달라는 요청을 받게 되었다. 하지만 아킬레우스는 그에 응하지 않았다. 어머니인 테티스가 못 하게 했기 때문이었다. 테티스는 단순히 말리기만 한 게 아니라 아예 아들을 다른 나라로 보내 처녀로 변장을 시킨 뒤 공주들 사이에서 숨어 살게 했다. 운명의 여신이 만약 아킬레우스가 트로이 전쟁에 참가하면 승리를 목전에 두고 죽게 되리라는 예언을 했으니 어머니로선 당연히 그럴 수밖에 없었다. 그러나 아킬레우스가 공주로 변장해 숨어서 살고 있다는 걸 안 꾀쟁이 오디세우스가 기어이 아킬레우스를 전쟁에 끌어들이고 말았다.

오디세우스는 방물장수로 변장해 아킬레우스가 살고 있는 궁전을 찾아가 공주들 앞에 전을 펼쳐 놓았다. 오디세우스가 늘어놓은 물건 가운데는 무기가 섞여 있었다. 다른 공주들은 죄다 예쁜 장신구를 고르는데 아킬레우스는 당연히 무기에 손을 댔고 이로써 정체가 탄로 나고 말았다. 오디세우스는 어렵잖게 아킬레우스를 설득해 전쟁에 출전토록 했다. 아킬레우스는 전쟁터에서 명성에 조금도 손색이 없을 정도로 대활약을 했다. 특히나 트로이의 용장 헥토르를 죽임으로써 결정적으로 승기를 잡았다. 하지만 아킬레우스도 그로부터 3일 만에 죽음을 맞이했다.

헥토르의 장례를 치르느라 트로이 쪽은 며칠간의 휴전을 요청했고 비록 적장이긴 하나 훌륭했던 용사에 대한 예우로 그리스도 그걸 수락했다. 그 기간 중에 아킬레우스는 우연히 트로이 왕가의 공주인 폴리세나를 보게 되었는데 그만 그 아름다움에 마음을 빼앗기고 말았다. 그래서 그는 만약 폴릭세네를 아내로 삼게 해 주면 그리스군을 설득시켜 전쟁을 그만두게 하겠노라고 협상에 나섰다. 혼담은 아폴론 신전에서 벌어졌는데 파리스가 약속을 어기고 그 자리에서 아킬레우스를 향해 독이 묻은 화살을 쏘았다. 화살은 아킬레우스의 발꿈치 위에 박혔고 아킬레우스는 그 자리에서 죽고 말았다. 파리스의 화살이 가서 박힌 자리는 테티스가 아들을 거꾸로 쥐고 스틱스에 담글 때 아들의 몸을 잡았던 자리였다. 때문에 다른 부분은 모두 물속에 잠겼으나 테티스가 잡았던 자리만은 강물에 적셔지지 않았던 것이고 파리스의 화살이 바로 그 치명적인 약점을 꿰뚫었던 것이다.

## 페넬로페의 베 짜기

이타카의 영웅 오디세우스와 그 아내 페넬로페는 금슬이 원앙이었다. 오죽하면 트로이 전쟁 참전 요청을 받고도 아내와 떨어지기 싫어 미친 흉내를 냈을까. 하지만 결국은 속임수가 탄로 나 오디세우스는 아내와 어린 아들 텔레마코스를 남겨 두고 전쟁터로 떠나게 되었다. 비록 처음엔 그런 꾀도 부렸지만 10년을 끌던 전쟁을 마침내 그리스 군의 승리로 이끈 영웅이 바로 오디세우스였다. 목마를 이용한 위장 전술이 그의 지략에서 나왔던 것이다. 하지만 오디세우스는 전쟁에서 승리하고도 그 뒤로 10년간을 더 바다 위에서 유랑해야 했다. 목마를 앞세워 트로이 성을 함락시킬 때 생각 없이 포세이돈 신전의 기둥을 하나 뽑아 버렸는데 그 일로 말미암아 포세이돈의 미움을 샀던 것이다. 호머의 『오디세이아』는 오디세우스가 겪은, 10년에 걸친 그 유랑의 기록이다.

오디세우스가 20년 동안이나 돌아오지 않으니 자연히 여러 야심가들이 오디세우스의 권좌와 재산을 노리고 아내 페넬로페에게 구혼을 했다. 그들은 구혼을 빌미로 집을 차지하고 앉아 하인을 제 맘대로 부리며 완전히 주인 행세를 해 댔다. 말이 구혼자지 여차하면 일을 저지를 태세였다. 오디세우스에 대한 정절도 정절이려니와 자칫 잘못 처신했다간 늙은 시아버지와 아들 텔레마코스의 목숨도 위태로울 것을 염려한 페넬로페는 그럴듯한 이유를 둘러대며 구혼자들을 물리쳤다. "시아버지의 수의를 한 벌 마련해 두고자 하니 그걸 다 짤 때까지는 결혼할 수 없다"는 것이었다. 페넬로페는 수의를 짓기에 충분할 만큼의 베를 짜면 그것을 죄다 풀어 버리고 다시 짜기를 되풀이했다. 세월아 세월아 하며 언제 끝날지 알 수 없는 일, 그게 페넬로페의 베짜기이다. 페넬로페는 서양에서는 우리나라의 춘향이와 같은 대접을 받는다. 오디세우스가 긴 유랑 끝에 돌아와 아내와 해후하는 장면도 이 도령과 춘향이가 상봉하는 대목과 흡사하다. 영웅들의 수호신 아테나 여신의 가호로 무사히 조국에 돌아온 오디세우스는 우선 돼지치기의 집으로 가 그간의 상황을 전해 들었다. 자신이 돌아왔다는 말이 돌면 안 되겠기에 그는 아테나가 시킨 대로 꼴사나운 거지 행색을 했다.

마침 아버지의 행방을 알기 위해 같이 트로이 전쟁에 참가했던 다른 나라 왕들을 찾아다니던 아들 텔레마코스도 아테나 여신의 현몽이 있어 돼지치기의 집으로 돌아왔다. 부자는 감격스러운 포옹을 나눈 뒤 그동안 페넬로페를 못살게 군 구혼자들에게 복수할 계획을 짰다. 텔레마코스가 먼저 집으로 들어갔다. 집 안은 늘 그랬듯이 구혼자들이 벌인 술자리로 떠들썩했다. 구혼자들은 떨떠름한 표정으로 텔레마코스를 맞이했다. 귀국길에 사람을 시켜 그를 없애려 했으나 실패했기 때문이었다. 뒤이어 오디세우스가 동냥을 하러 집 안으로 들어섰다

당시엔 거지들이 갖가지 동물을 접한 이야기꾼으로서 대접을 받았기에 오디세우스는 술자리의 말석을 차지하고 앉을 수 있었다. 오디세우스가 구혼자들이 물린 음식을 먹고 있자니 방약무인한 구혼자들이 집적대기 시작했다. 오디세우스가 점잖게 그러지 말라고 해도 안하무인이었다. 그중에 어떤 놈은 의자로 그를 내려치기까지 했다. 텔레마코스는 당장 술판을 뒤집어엎고 싶었으나 아버지와 해 놓은 약속이 있어 꾹 참았다. 좌중의 소란이 가라앉자 드디어 그날의 행사가 시작되었다. 행사란 다름 아니라 활 솜씨 겨루기였다. 더 이상 구혼자

들의 생떼를 물리칠 수 없게 된 페넬로페가 활 솜씨가 제일 좋은 사람을 골라 결혼하겠다고 밝혔기 때문이었다. 텔레마코스는 시합이 시작되기 전 시합 때문에 모두가 흥분하면 혹 불상사가 생길지도 모른다는 구실로 구혼자들의 무기를 다른 데로 치워 놓게 했다. 그러고는 옛날 아버지가 쓰던 활과 화살을 대전에 갖다 놓았다. 대전 앞에는 열두 개의 고리가 나란히 걸려 있었다. 화살 열두 개를 그 고리 구멍 속으로 쏘아 가장 많이 고리를 관통시키는 자가 페넬로페를 차지하게 되어 있었다. 구혼자들은 먼저 활을 구부려 시위를 매겨야 했다. 그런데 활이 얼마나 단단한지 아무도 시위를 매기지 못했다. 창피스런 결과를 두고 구혼자들이 웅성웅성하고 있는데 말석의 거지가 나섰다.

"지금은 보잘것없는 거지지만 옛날엔 저도 무사 흉내를 좀 내고 다녔답니다. 제가 한번 구부려 봐도 되는지요?" 구혼자들은 배를 잡고 웃다가 "이 무엄한 놈을 당장 끌어내라"고 호령했다. 그때 텔레마코스가 나섰다. "죽은 사람 소원도 들어준다는데 이 늙어 빠진 거지의 소원을 한 번 들어준들 그게 그대들의 체모에 무슨 흠절이 되겠습니까?" 활을 잡은 오디세우스는 엿가락 구부리듯 활을 구부려 시위를 매긴 뒤, 첫 화살을 보기 좋게 고리 구멍 속으로 쏘았다. 구혼자들이 벌린 입을 다물어 감탄사를 내뱉을 시간도 주지 않고 오디세우스는 구혼자들에게 돌아섰다. 두 번째 화살은 구혼자 가운데서 가장 무례

했던 자의 목을 관통했다. 기겁을 한 구혼자들은 허둥지둥 무기를 찾
았다. 그러나 무기가 있을 리 없었다. 오디세우스는 드디어 정체를 밝
혔다. "나는 비록 집을 오래 떠나 있긴 하였으나 네놈들이 침범한 이
집의 주인이며, 네놈들이 흥청망청 낭비한 재산의 소유자이며, 트로
이 전쟁이 끝나고 오늘까지 10년이란 세월 동안 네놈들이 죽여 없애
려 한 텔레마코스의 아비이다. 이제 그동안 밀린 신세를 갚겠다." 구
혼자들은 하나도 남김없이 오디세우스의 화살을 맞고 쓰러졌고 페넬
로페는 돌아온 남편과 감격적인 포옹을 나누었다.


## 스킬라와 카립디스 사이


　스킬라는 섬의 높은 절벽 위 동굴에 사는 바다 괴물이었다. 여섯
개의 머리에다 각 머리마다에는 세 겹의 이빨과 뱀으로 된 열두 개의
다리가 달려 있는 흉측한 모습을 하고 있었다. 동굴 속에 똬리를 틀
고 앉았다가 뱃사람들이 지나가면 긴 목을 아래로 늘여 한입에 한 사
람씩 여섯 사람을 한꺼번에 집어삼키곤 했다. 하지만 원래는 물의 요
정들과 어울려 놀던 아름다운 처녀였다. 스킬라가 괴물로 변해 버린
사연은 이러했다.

글라우코스라는 바다 신이 있었다. 그도 원래는 어부였다가 약초를 잘못 먹어 반인반어(半人半魚)로 변한 몸이었다. 비록 하반신은 물고기였으나 그 전체적인 생김새는 그리 흉하지 않았다. 기다란 머리카락을 비롯해 온몸이 바다처럼 파래서 어찌 보면 아름답기까지 했다. 게다가 바다 신들의 은총으로 인간의 몸을 면하고 신들과 한 동아리가 되었다.

글라우코스는 어느 날, 바닷가를 거닐다 맑은 물빛에 반해 물속에 몸을 담근 한 처녀를 보았다. 바로 스킬라였다. 스킬라의 아리따운 자태에 혹한 글라우코스는 무심결에 물 위로 모습을 드러내고 말았다. 불쑥 솟아 나온 글라우코스를 본 순간 스킬라는 높은 절벽 위로 달아나 버렸다. 글라우코스는 바위에 몸을 기댄 채 자신의 이력과 현재의 신분을 이야기하면서 처녀의 경계심을 풀려 했으나 별무소득, 스킬라는 등을 돌리고 도망치고 말았다. 낙심한 글라우코스는 생각 끝에 키르케를 찾아가기로 했다. 키르케는 마법을 쓰는 여신이었다.

"키르케님, 나를 불쌍히 여겨 스킬라의 마음을 돌이켜 주십시오. 주문이 영험하다면 주문으로, 그보다 약초가 영험하다면 약초로 부디 저 아리따운 아가씨의 마음에 저를 사랑하는 마음이 일게 해 주십시오."

그런데 일이 안 되느라 그랬는지 이번엔 키르케가 글라우코스에게 마음을 빼앗겼다.

"돌아보지 않는 상대를 구하느니 당신을 바라고 있는 상대를 구하는 것이 어떻는지요. 당신같이 매력적인 분이라면 얼마든지 그런 상대를 구할 수 있을 것입니다. 나는 인간이 아니라 여신이며 약초나 주문을 이용하는 마법에도 능통합니다. 이런 나까지도 당신께 마음이 가는걸요. 스킬라가 당신을 홀대한다면 당신도 스킬라를 홀대하면 그만입니다."

은근히 속마음을 드러냈지만 글라우코스는 이렇게 대답했다.

"바다 밑에서 나무가 자라고 산꼭대기에 해초가 자랄지언정 내 사랑은 오직 스킬라만을 향한 것이랍니다."

키르케는 몹시 화가 났지만 그렇다고 해서 글라우코스를 해코지할 수는 없었다. 그래서 그 분풀이를 애꿎은 스킬라에게 했다. 키르케는 독한 약초를 여러 가지 뒤섞어 독약을 만들고는 그것을 스킬라가 자주 가는 시실리의 해변에 풀어놓았다. 아무것도 모르는 스킬라는 여느 때처럼 그곳으로 와서 물속에 몸을 담그었다. 허리께까지 몸을 담근 스킬라는 깜짝 놀랐다. 난데없이 독사 떼와 괴물들이 나타나 자신을 에워싸는 것이었다. 스킬라는 겁에 질려 허겁지겁 도망쳤다. 하지만 이게 웬일인가. 괴물들이 그녀가 도망치는 데로 쫓아오는 게 아닌가. 이상한 느낌이 들어 자신의 다리를 만져 보니 맙소사, 손끝에 잡히는 것은 다리가 아니라 괴물의 머리였다. 몸이 그렇게 변하자 스킬라의 성미 또한 그에 걸맞게 추악해졌다. 그래서 운 없이 걸려든 뱃사람들을 먹어 치우는 걸 낙으로 삼았다. 트로이가 함락된 뒤 부하들을 이끌고 고향으로 돌아오던 오디세우스가 스킬라가 사는 섬을 지나치게 되었다. 오디세우스는 이미 그 전에 여러 번 죽을 고비를 넘긴 터였다. 키클롭스가 사는 섬에서 으깨진 채 잡아먹힐 뻔한 위기를 넘겼고, 바람의 지배자 아이올로스가 사는 섬에서는 마법에 걸려 돼지로 변할 뻔하였다. 또 바다의 요정 세이렌들이 사는 섬을 지날 땐 부하들로 하여금 자신의 몸을 꽁꽁 묶어 두게 함으로써 노래에 홀려 바다에 빠져 죽는 걸 면했다.

세이렌의 섬을 무사히 빠져나온 다음 맞이한 또 다른 장애가 바로 스킬라가 도사리고 있는 해역이었다. 그런데 그 해역에는 스킬라 말고도 카립디스라는 괴물이 하나 더 있었다. 카립디스는 해면 가까이에 사는 소용돌이로서 한번 여기에 휩쓸리면 배고 사람이고 흔적을 찾을 길이 없었다. 스킬라를 피하러 섬 가까이 가는 걸 피하다 보면 카립디스에게 빨려 들어갈 판이었고 카립디스를 파하러 섬 가까운 곳으로 가다 보면 스킬라에게 잡아먹힐 판이니 ‘스킬라와 카립디스 사이’란 그야말로 ‘진퇴양난의 험로’였다.

그 무시무시한 해역에 도달하자 아니나 다를까 카립디스가 물을 빨아들이는 소리가 멀지 않은 곳에서 들려왔다. 오디세우스와 부하들은 그 소리에 등골이 오싹하여 카립디스에만 온 신경을 곤두세우느라 그만 스킬라에 대해서는 경계심을 늦추고 말았다. 그 빈틈을 스킬라가 놓칠 리 없었다. 스킬라는 순식간에 오디세우스의 부하 여섯을 물고 가 버렸다. 오디세우스는 부하들이 비명을 지르며 스킬라의 입 속으로 들어가는 처참한 광경을 보고도 속수무책이었다. 카립디스를 피하려다 스킬라에게 걸려든 셈이었다. 이처럼 한 가지 위험을 피하려고 택한 다른 길에 도사리고 있는 또 다른 위험을 가리켜서도 흔히 '스킬라와 카립디스'라고 한다.


## 프로크루스테스의 침대


힘이 장사였던 아테네의 왕 아이게우스에게는 아들이 없었다. 아내가 아들 낳기를 학수고대하다 지친 나머지 그는 어느 날 델포이 신전을 찾아가 과연 언제쯤 아들을 보겠는가 물었다. 신탁이 나오기를 "네 나라로 돌아갈 때까지는 술을 먹지 마라. 그렇지 않으면 아이게우스의 아들을 보리라" 하였다. 아들 보기를 원하는 사람에게 '그렇지 않으면'이라는 토를 달아, 마치 그게 안 좋은 일인 양 '아들을 보리라' 하니 참 아리송한 신탁이었다. 그래서 아이게우스는 현자로 소문난 트로이의 왕 피테우스를 찾아갔다. 피테우스는 아들을 낳는다는 데 뭐 이상하게 생각할 것 없다며 술을 권했다.

신탁의 논리인즉 술을 마시면 아들을 낳는다는 말이니 아이게우스도 사양치 않고 거나하게 마셨다. 그런데 아침에 눈을 떠 보니 이게 웬일인가. 옆에 피테우스의 딸인 아이트라가 발가벗은 몸으로 누워 있는 것이었다. 놀라 제 몸을 굽어보니 발가벗기로는 자신도 마찬가지였다. 취중에 남의 나라 공주를 범했으니 이만저만한 실수가 아니었다. 그렇다고 아내가 버젓이 있는 몸으로 공주를 데리고 돌아갈 수도 없었다. 해서 아이게우스는 자신이 묵었던 궁전의 댓돌을 번쩍 들어 올려 그 아래에 칼 한 자루와 가죽신 한 켤레를 넣고는 다시 댓돌을 제자리에 내려놓았다. 그러고는 이렇게 말했다.

"혹시라도 아들을 낳거든, 그 애가 자라 이 댓돌을 들어 올릴 수 있게 되면 그때 내게 보내시오. 댓돌 밑에 둔 칼과 가죽신은 나의 신표이니 그걸로 내가 내 아들을 알아볼 것이오."

그의 예상대로 공주는 아들을 낳았고 아비를 닮아서인지 아들 또한 힘이 장사였다. 아들의 이름은 테세우스였다. 그런데 사실 테세우스는 아이게우스의 아들이긴 하나 아테네 왕 아이게우스의 아들은 아니었다. 트로이 지방에서는 포세이돈을 흔히 '포세이돈 아이게우스(에게 바다의 포세이돈)'라 불렀는데 테세우스는 바로 그 아이게우스의 아들이었다. 아이트라 공주가 바닷가에 놀러 갔다가 그만 포세이돈의 씨를 받게 되었던 것인데 그러던 중 아이게우스가 아리송한 신탁을 듣고 트로이를 방문했고 트로이 왕 피테우스는 딸을 그의 침실에 들게 함으로써 골치 아픈 문제를 해결한 것이었다.

어릴 적부터 영웅다운 면모를 내보이며 자란 테세우스는 열여섯이 되는 해에 댓돌을 번쩍 들어 올리고 아버지가 남기고 간 칼과 가죽신을 꺼냈다. 트로이에서 아테네까지는 바닷길로 가는 게 가장 빠르고 안전했다. 하지만 테세우스는 육로로 돌아가겠다고 우겼다. 당시에 유명하던 영웅 헤라클레스처럼 자신도 여행 도중에 괴물들과의 일전을 치름으로써 명성을 떨치고 싶어서였다.

아테네에 당도하기까지 테세우스는 모두 여섯 명의 괴한을 만났다. 쇠몽둥이로 행인을 때려죽이는 자, 소나무 두 그루를 마주 휘어 놓고는 행인을 붙잡아 양쪽 소나무에 발목을 하나씩 묶은 뒤 소나무를 휘어 놓은 줄을 잘라 버리는 방법으로 사람을 찢어 죽이는 자, 멧돼지를 시켜 나그네를 송곳니로 찔러 죽이는 자, 나그네를 벼랑 아래로 차 던져 바다거북에게 잡아먹히게 하는 자, 씨름을 한판 벌인 뒤 목을 졸라 죽이는 자, 이 다섯 명의 괴한을 그들이 이제껏 나그네를 죽였던 방법으로 죽인 뒤 테세우스가 마지막으로 대적한 괴한이 프로크루스테스였다.

프로크루스테스는 침대를 두 개 가지고 있었다. 키가 큰 행인이 지나가면 작은 침대에다 눕혀 침대 길이보다 긴 만큼 잘라 버리고 키가 작은 행인이 지나가면 큰 침대에다 눕혀 침대 길이에 맞추어 몸을 잡아당겼다. 그러니 아무도 살아나올 수가 없었다. 테세우스는 프로크루스테스를 붙잡아 작은 침대에다 누이고는 목을 잘라 버렸다. 요샛말로 하면 '원 사이즈 피츠 올(one−size−fits−all)' 침대인 셈이다. 남이야 어떻게 되든 자기 편한 대로 행동하는 사람, 제 고집을 죽일 줄 모르는 독불장군, 자기 기준만 내세우는 사람을 흔히 이 프로크루스테스에 비유하며 '프로크루스테스의 침대'는 '귀에 걸면 귀걸이 코에 걸면 코걸이' 식의 행태를 비판할 때 자주 쓰인다.


## 시빌레의 서책


　시빌레 또한 카산드라처럼 아폴론의 사랑을 거절했다가 쓸쓸한 운명을 갖게 된 처녀였다. 아폴론은 시빌레에게 자신의 사랑을 받아들인다면 무엇이든 소원을 들어주겠다고 했다. 시빌레는 모래를 한 움큼 집어 들면서 "제 생일이 이 손안의 모래알 수만큼 되게 해 주소서" 했다. 오래 살게 해 달라는 그 소원을 아폴론은 그대로 들어주었다. 하지만 시빌레는 큰 실수를 하고 말았다. 오래 살게 해 달라고만 했을 뿐 살아 있는 동안 영원히 젊게 해 달라는 말을 덧붙이지 않은 것이었다. 해서 시빌레는 살아온 세월의 수만큼 주름살을 가진 노파가 되고 말았다. 만약 시빌레가 아폴론의 사랑에 응했더라면 한 번 더 소원을 들어주었을지도 몰랐다. 하지만 시빌레는 그러지 않았고 아폴론도 시빌레의 주름진 얼굴을 모른 척했다. 오비디우스에 따르면 시빌레는 천년을 살았다고 한다. 그래서인지 그녀에게는 인간의 운명을 점치는 예언력이 있었다. 시빌레는 동굴에 앉아 숲에서 따 온 나뭇잎 한 장 한 장에 사람의 이름과 운명을 적었다. 시빌레의 동굴 안에는 이런 나뭇잎이 가지런히 정리되어 있었고, 누군가 찾아오면 나뭇잎에 적힌 운명을 읽어 주었다. 그러나 누가 문을 열 때 바람이 동굴 안으로 불어 들어와 나뭇잎을 흩어 버리면 두 번 다시 그것을 정리하지 않았다.

타르퀴니우스 왕가가 통치하던 로마 시대의 일이었다. 어떤 노파가 아홉 권의 책을 들고 찾아와 그걸 사라고 했다. 왕이 거절하자 노파는 돌아가 세 권을 불태워 버리고 나머지 여섯 권을 들고 다시 찾아왔다. 책은 여섯 권이었지만 값은 지난번과 같았다. 책의 수는 줄어들었는데 값은 똑같으니 왕은 더욱 어이없어하며 거절했다. 그러자 노파는 돌아가 다시 세 권을 더 불태워 버리고 나머지 세 권을 들고 또 찾아왔다. 물론 값은 아홉 권 때와 같았다. 노파에게서 무언가 심상찮은 기운을 느낀 왕은 비로소 아홉 권 값을 주고 세 권의 책을 샀다. 로마인들 사이에는 그 책에 이후 로마제국의 운명이 소상하게 기록되어 있었다는 전설이 전해 내려온다. 나중에 그 책은 카피톨리움(로마에 있는 일곱 개의 언덕 가운데 하나)에 있는 제우스 신전의 석궤에 보관되었으며 특별히 임명된 관리가 아니면 열람할 수 없었다고 한다.

# 벨레로폰의 편지

벨레로폰은 원래 코린토스의 왕자였다. 그러나 부왕과 아우가 잇따라 말에 밟혀 죽는 바람에 왕위를 노려 아버지와 아우를 살해했다는 혐의를 받게 되었다. 명예스럽지 못한 죄목을 쓰고 조국을 등진 그는 예언자 폴리이도스의 도움을 받아 티린스로 들어갔다. 티린스의 왕 프로이토스는 그를 섭섭지 않게 대접했다. 하지만 왕비 안테이아가 벨레로폰을 지나칠 만큼 칭송하자 질투심에 사로잡힌 나머지 그를 없애 버릴 궁리를 했다. 그러나 자신의 손에 피를 묻히기는 싫었다. 궁리 끝에 그는 벨레로폰을 불러 한 가지 청을 했다.

"알다시피 내 처는 리키아에서 시집을 왔습니다. 무슨 중대한 일로 장인인 이오바테스 왕에게 편지를 한 장 전해 드려야겠는데 리키아가 여기서 워낙 멀어서 아무나 갈 수 있는 길이 아닙니다. 그대는 영웅의 풍모를 지니고 있으니, 청컨대 이 편지를 리키아의 장인에게 전해 주실 수 있을는지요?"

후한 대접을 받은 식객으로서는 차마 물리칠 수 없는 부탁이었다. 천신만고 끝에 리키아에 닿은 벨레로폰은 이오바테스 왕에게 편지를 내어놓았다. 왕이 편지를 뜯어보니 사위는 벨레로폰을 더없이 용감한 영웅으로 입에 침이 마르도록 칭송해 놓고 있었다. 그런데 말미에 이런 말이 덧붙어 있었다. "그러니 제발 장인께서 이 편지를 가져간 자를 좀 없애 주십시오." 벨레로폰은 자기도 모르는 사이에 자기의 사형집행 영장을 가지고 갔던 셈이었다. '심부름하는 사람에게 몹시 불리한 편지'라는 뜻의 고사성어 '벨레로폰의 편지'는 바로 여기서 비롯되었다.

하지만 벨레로폰이 이오바테스 왕의 손에 죽은 것은 아니었다. 역시 손에 피를 묻히기 싫었던 이오바테스는 당시 온 나라를 공포에 몰아넣고 있던 괴물 키마이라(앞모양은 사자와 산양을 합친 모습이고 엉덩이에는 용의 꼬리가 나 있었으며 입으로는 불을 뿜는 무시무시한 괴물이었다)를 없애 달라는 청을 했다. 물론 벨레로폰이 그 괴물을 없앨 수 있다고 믿지 않았기 때문이었다. 그런데 이오바테스가 몰랐던 사실이 있었으니 벨레로폰은 사실은 포세이돈의 아들이었다. 하늘을 나는 말 페가수스의 도움을 얻어 벨레로폰은 키마이라를 퇴치했다.

그 뒤로도 이오바테스는 여러 가지 난제를 주어 남의 손으로 코를 풀려 했으나 번번이 목적 달성에 실패했다. 나중에는 오히려 벨레로폰이 신들의 특별한 가호를 받는 영웅임을 인정하고 그의 딸과 결혼시켜 왕위 계승자로 삼았다. 하지만 벨레로폰은 결국은 비참한 종말을 맞이하는데 신화에 등장하는 많은 영웅들처럼 그도 교만의 함정을 피하지 못했기 때문이었다. 천마 페가수스를 타고 감히 하늘에 오르려다가 제우스의 노여움을 샀던 것이다. 제우스는 등에 한 마리를

보내 페가수스를 쪼게 하였고 놀란 페가수스는 등에 타고 있던 벨레
로폰을 떨어뜨려 버렸다. 절름발이에다 장님이 되고 만 벨레로폰은
사람이 많이 다니는 길을 피하여 외로이 방랑하다 죽었다고 한다.

# 그리스 로마 신화에 나오는 주요 신들

☞ 여신들

### 가이아

카오스에서 나온 최초의 신. 대지의 신. 아들이자 남편인 우라노스와 결혼해 티탄족을 낳았다.

### 레아(로마/오프스)

가이아와 우라노스 사이에서 난 딸. 크로노스와 결혼해 올림프스 신족 6남매, 즉 헤스티아, 데메테르, 헤라, 하데스, 포세이돈, 제우스를 낳았다.

**데메테르(로마/케레스)**

대지의 여신이자 곡식의 신. 제우스와의 사이에 딸 페르세포네를 낳았다.

**헤라(로마/유노)**

가정과 결혼의 신. 제우스의 아내.

**헤스티아(로마/베스타)**

화로와 신전의 신. 가장 알려지지 않은 신. 처음엔 12주신에 들었으나 나중에 디오니소스에게 그 자리를 내주었다.

**아테나(로마/미네르바)**

지혜와 공예, 전쟁의 신. 어머니 메티스가 제우스에게 잡아먹히는 바람에 제우스의 머리에서 태어났다.

**아르테미스(로마/디아나)**

사냥과 달의 신. 제우스와 여신 레토 사이에서 아폴론과 쌍둥이 남매로 태어났다.

**아프로디테(로마/베누스)**

사랑과 미의 신. 바다의 거품에서 태어났다고도 하고 제우스와 바다의 정령 디오네 사이에서 태어났다고도 한다. 헤파이스토스의 아내.

☞ 남신들

**우라노스**

최초의 하늘 신. 가이아의 아들이자 남편.

**크로노스(로마/사트르누스)**

티탄 신족의 막내로서 아버지 우라노스를 거세하고 신들의 통치자
가 되었다. 레아와 결혼하여 올림프스 신족을 낳았다.

**제우스(로마/유피테르)**

올림프스의 최고신. 번개와 천둥의 신. 여러 여신, 여성들과 관계를
맺어 많은 자식을 두었다.

**포세이돈(로마/넵투스)**

바다의 신. 여신 암피트리테와 결혼하였다.

**하데스(로마/플루토)**

저승의 신. 데메테르의 딸인 페르세포네를 납치하여 아내로 삼았다.

**아폴론(로마/아폴론)**

태양의 신이자 입법자, 궁수, 예술의 신. 아르테미스의 동생.

**헤르메스(로마/메르쿠리우스)**

신들의 전령이자 여행자, 무역, 상업, 도둑의 신. 제우스와 여신 마
이사 사이에서 태어났다.

**아레스(로마/마르스)**

전쟁의 신. 제우스와 헤라의 아들이라고도 하고 헤라가 혼자 낳은 아들이라고도 한다.

**헤파이스토스(로마/불카누스)**

대장간의 신. 헤라가 아비 없이 낳은 아들로서 절름발이다. 아프로디테의 남편.

**디오니소스(로마/바커스)**

술과 황홀경의 신. 제우스와 인간인 세멜레 사이에서 태어났다. 헤스티아 대신 나중에 12주신에 들었다.

윤동곤

문학박사(미국 소설 전공)
동신대학교, 목포해양대학교, 원광대학교, 조선대학교 외래교수 역임
대한 영어영문학회회원, 한국 헤밍웨이 학회회원
현) 남부대학교, 조선대학교 영문과 외래교수

『Modernism and Hemingway』
『A Study on the Androgyny in Hemingway's Works』
『토익 모의고사 400 문제집』
『Current English』
『제우스와 인간의 운명』
「헤밍웨이의 사상적 변천과정」
「헤밍웨이 여성읽기: 양성성」
「헤밍웨이의 여성 인물연구」
「에덴동산에 나타난 헤밍웨이 여성읽기」

초 판 인 쇄 | 2010년 10월 29일
초 판 발 행 | 2010년 10월 29일

지 은 이 | 윤동곤
펴 낸 이 | 채종준
펴 낸 곳 | 한국학술정보㈜
주       소 | 경기도 파주시 교하읍 문발리 파주출판문화정보산업단지 513-5
전       화 | 031) 908-3181(대표)
팩       스 | 031) 908-3189
홈 페 이 지 | http://ebook.kstudy.com
E - m a i l | 출판사업부   publish@kstudy.com
등       록 | 제일산-115호(2000. 6. 19)

ISBN        978-89-268-1582-3 93210 (Paper Book)
            978-89-268-1583-0 98210 (e-Book)

이담 Books 는 한국학술정보(주)의 지식실용서 브랜드입니다.